Steve Kühne
Die Pariser Kommune

Impressum

Steve Kühne: Die Pariser Kommune

1. Auflage, April 2011

Herausgegeben von der Sozialistische Alternative – SAV

Umschlaggestaltung und Satz: Holger Dröge
Druck und Bindung: KDD Druckterminal, Nürnberg

Sozialistische Alternative – SAV
Littenstraße 106/107, 10179 Berlin
Telefon: (030) 24 72 38 02, Email: info@sav-online.de

www.sozialismus.info

Die Internationale

Wacht auf, Verdammte dieser Erde,
die stets man noch zum Hungern zwingt!
Das Recht wie Glut im Kraterherde
nun mit Macht zum Durchbruch dringt.
Reinen Tisch macht mit dem Bedränger!
Heer der Sklaven, wache auf!
Ein Nichts zu sein, tragt es nicht länger
Alles zu werden, strömt zuhauf!

Refrain: |: Völker, hört die Signale!
Auf zum letzten Gefecht!
Die Internationale
erkämpft das Menschenrecht. :|

Es rettet uns kein höh'res Wesen,
kein Gott, kein Kaiser noch Tribun
Uns aus dem Elend zu erlösen
können wir nur selber tun!
Leeres Wort: des Armen Rechte,
Leeres Wort: des Reichen Pflicht!
Unmündig nennt man uns und Knechte,
duldet die Schmach nun länger nicht!

Refrain

In Stadt und Land, ihr Arbeitsleute,
wir sind die stärkste der Partei'n
Die Müßiggänger schiebt beiseite!
Diese Welt muss unser sein;
Unser Blut sei nicht mehr der Raben,
Nicht der mächt'gen Geier Fraß!
Erst wenn wir sie vertrieben haben
dann scheint die Sonn' ohn' Unterlass!

Refrain

Text: Eugen Pottier (1871) / Musik: Pierre Degeyter (1888)
Deutsche Textfassung: Emil Luckhardt (1910)

Inhaltsverzeichnis

„...uns aus dem Elend zu erlösen können wir nur selber tun!"

„Das Paris der Arbeiter, mit seiner Kommune, wird ewig gefeiert werden als der ruhmvolle Vorbote einer neuen Gesellschaft. Seine Märtyrer sind eingeschreint in dem großen Herzen der Arbeiterklasse. Seine Vertilger hat die Geschichte schon jetzt an jenen Schandpfahl genagelt, von dem sie zu erlösen alle Gebete ihrer Pfaffen ohnmächtig sind."

Karl Marx: „Der Bürgerkrieg in Frankreich"

Paris, 27. Mai 1871. Es war bereits dunkle Nacht, vor dem Zucken der Lichtblitze abgefeuerter Kanonen waren die Umrisse der Häuser der Seine-Metropole deutlich erkennbar. Ein Mann, Mitte fünfzig, gezeichnet von ungeheuren Strapazen der letzten Tage, irrte durch die Ruinen des umkämpften XX. Arrondissements. Immer wieder versteckte er sich vor den in Formation vorbeiziehenden Truppen der französischen Regierung.

Der Name des Mannes war Eugene Pottier. Er war Zeit seines Lebens ein Kämpfer gewesen. Erst hatte er sich gegen seinen Vater aufgelehnt, der ihn schon mit 13 zur Arbeit in seiner Kistenmacherwerkstatt gezwungen hatte. Die Liebe des Jungen zur Dichtkunst und seine Versuche, selbst Verse zu verfassen, hatte der strenge Vater stets als „weibisch" abgetan, das Mitleid für die hart arbeitenden Angestellten in der Werkstatt als persönlichen Verrat empfunden.

Schon früh las er revolutionäre Literatur und begeisterte sich für den Kampf der Unterdrückten. Er entfloh der väterlichen Engstirnigkeit, begegnete Auguste Blanqui und nahm am Lyoner Aufstand 1848 teil. Seine Gedichte waren bald schon ein Ausdruck dieser Erlebnisse. Eugene Pottier organisierte die erste Gewerkschaft der Stoffzeichner und schloss sich 1864 der von Marx gegründeten ersten Internationale, der „Internationalen Arbeiterassoziation", an.

Im deutsch-französischen Krieg verletzt, kehrte er rechtzeitig nach Paris zurück, um an der Erhebung der ArbeiterInnen der Hauptstadt teilzunehmen. Er erlebte den Aufstand, den heldenhaften Kampf der KommunardInnen um die Befreiung der Unterdrückten. Als Mitglied des revolutionären Stadtparlaments von Paris verfasste er zahlreiche Dekrete, die das Leben der verarmten Massen verbesserten, mit.

Pottier hatte sich nicht in diese Position wählen lassen, um Geld zu scheffeln, oder Karriere zu machen. Diese Möglichkeiten hatte die Kommune allen gleichermaßen verwehrt, indem sie die Gehälter der Abgeordneten streng begrenzte. Wer in der Kommune mitarbeiten wollte, der musste dies aus der Überzeugung heraus tun, der Gesellschaft und ganz besonders den Armen nützlich sein zu wollen.

Pottier war ein Kämpfer, so wie er als kleiner Junge ein Kämpfer gewesen war. Der Versuch der ArbeiterInnen von Paris, den Weg in eine bessere, eine für alle Menschen lebenswerte Zukunft zu bahnen, erfüllte ihn mit Leben und Zuversicht, wie er in einem seiner Gedichte schrieb. Er war sich bewusst, dass die Herrschenden diesen Versuch, eine Gesellschaft ohne Ausbeutung und Unterdrückung zu errichten, nicht einfach so geschehen lassen konnten. Ihm war schnell klar, dass dieser erste Versuch weniger ein Versuch, als mehr eine Schlacht war.

Als die französische, bürgerliche Regierung den Aufstand in der Hauptstadt mit einem riesigen Truppenaufgebot und deutscher Unterstützung niedermetzeln wollte, war für Pottier klar, wo sein Platz zu sein hatte. Er stand auf den Barrikaden, um die Truppen aus Versailles von der Eroberung der Hauptstadt abzuhalten. Doch die Übermacht brach den heldenhaften Widerstand der ersten Arbeiterrevolution nach einer Woche. Pottier musste fliehen. In den frühen Morgenstunden des 28. Mai entkam er über die Rue de Chartres aus der Umzingelung der Konterrevolution und verbarg sich mehrere Tage unter falschem Namen in einem schäbigen Hotel, bevor er die Flucht in die USA antrat.

Er hinterließ der Arbeiterbewegung eine bleibende Erinnerung an den ersten Arbeiterstaat der Weltgeschichte. Während die konterrevolutionären Truppen ein Massaker von bis dahin unbekanntem Ausmaß anrichteten, verfasste Pottier die Internationale. Noch als Gedicht, erst der Belgier Pierre Degeyter sollte sie Jahre später vertonen. Pottiers Ziel war es, der Kommune ein Denkmal zu setzen, daran zu erinnern, dass erstmals in der Menschheitsgeschichte Mann und Frau gleichberechtigt wurden, dass erstmals versucht wurde, einen Staat aufzubauen, in dem wirkliche Freiheit für die bis dahin Unterdrückten herrschen sollte. Er wollte an die Arbeit der GenossInnen der ersten Internationale erinnern, wie Eugen Varlin, Letellier, Leo Franckel, die an diesem Kampf teilnahmen und ihn teilweise leiteten.

Pottier sagte später, die Arbeit an diesem Gedicht, das heute eines der bekanntesten Arbeiterlieder überhaupt geworden ist, ging ihm leicht von der Hand. Er habe einfach nur an das gedacht, was er erlebte habe: „Wacht auf, Verdammte dieser Erde, die stets man noch zu Hungern zwingt, das Recht wie Glut im Kraterherde nun mit Macht zum Durchbruch dringt." Es waren diese Zeilen, die im Paris des Jahres 1871 Wirklichkeit geworden waren und den Herrschenden weltweit einen Schreck in die Glieder fahren ließen. Den Pariser ArbeiterInnen war nach all den Erniedrigungen, die ihnen die Herrschenden angetan hatten, nach all dem Hunger und den Entbehrungen, die ihnen die Welt des Kapitals auferlegt hatten, klar geworden, dass sie „kein Gott, kein Kaiser, noch Tribun" retten werde, sondern, dass sie sich nur selbst aus dem Elend erlösen könnten.

In den Tagen von März bis Mai 1871 versuchten sie genau das. Es waren die ersten „großen 72 Tage" der Menschheitsgeschichte, wie Jean Villain, einer der bekanntesten Kommunechronisten später festhielt. Der Heroismus der Pariser Kommune und der KommunardInnen kann durch nichts geschmälert werden, auch nicht durch die Fehler, die sie – wie alle Menschen, die sich auf unbekanntes Terrain begeben - begingen.

An dieser Stelle sei bemerkt: Das bittere Los der Pariser Kommune erschütterte den Autor dieser Zeilen. Ihre Fehler führten ihm die Tragik der Ereignisse deutlich vor Augen und ließ ihn so manches Mal aus dem Blick eines Menschen, der – anders als die KommunardInnen – das Ende des Aufstandes kannte, als er diesen Text verfasste, hart mit den KommunardInnen ins Gericht gehen. Und doch sind es die Zeilen eines Freundes der Kommune, der den Mut und die Kampfbereitschaft dieser Menschen bewundert. Wenn wir unsere Fehler nicht benennen, so nutzen sie unseren Feinden.

Der Untergang der Pariser Kommune bewegte die Unterdrückten weltweit. Karl Marx, der sich unablässig über die Ereignisse in der französischen Hauptstadt informieren ließ, stellte nur zwei Tage, nachdem die letzte Barrikade gefallen war seine Arbeit „Der Bürgerkrieg in Frankreich" fertig. „Nach Pfingstsonntag 1871 kann es keinen Frieden und keine Waffenruhe mehr geben zwischen den Arbeitern Frankreichs und den Aneignern ihrer Arbeitserzeugnisse. Die eiserne Hand einer gemieteten Soldateska mag beide Klassen, für eine Zeitlang, in gemeinsamer Unterdrückung niederhalten. Aber der Kampf muß aber und abermals ausbrechen, in stets wachsender Ausbreitung, und es kann kein Zweifel sein, wer der endliche Sieger sein wird - die wenigen Aneigner oder die ungeheure arbeitende Majorität. Und die französischen Arbeiter bilden nur die Vorhut des ganzen modernen Proletariats."[1]

Kaum ein anderer Kommune-Chronist hat mit solch kräftigen Worten die Niederschlagung der Pariser Kommune kommentiert, wie es Marx mit diesen Zeilen tat. Doch, obwohl Marxens Ausblick in die Zukunft, selbst im Angesicht des Blutbades, das die Versailler Regierung in Paris anrichtete, durchaus positiv war, erkrankte er wenig später. Seine Frau Jenny meinte später, es sei vor Kummer über die ermordeten KommunardInnen gewesen.

Dennoch die Zeilen bleiben wahr: Die Kommune trat eine Lawine los, unter der die bürgerliche Gesellschaft eines Tages begraben werden wird. Ihre Fehler tun ihrem Heroismus keinen Abbruch.

Neun Jahre nach der Kommune von Paris verkündete die französische Regierung eine Amnestie für alle KommunardInnen. Pottier kehrte daraufhin in seine Heimat zurück. Als er 1887 verstarb, ließ er sich auf dem Friedhof Père-Lachaise beisetzen, jenem Friedhof, auf dem zahlreiche seiner KampfgenossInnen niedergemetzelt worden waren. Ihr Andenken bleibt unvergänglich.

---

1   Karl Marx: „Der Bürgerkrieg in Frankreich", S. 65

Von Kaisern, Krautjunkern und Republikanern - das Leben in Frankreich 1870

„Wenn sie sich halten will, darf sich die bevorstehende Revolution nicht mit dem Auswechseln des Regierungsetiketts und einigen Teilreformen begnügen. Sie muss den Arbeiter radikal von jeglicher kapitalistischen oder politischen Ausbeutung befreien und eine gerechte Gesellschaftsordnung schaffen."
Eugene Varlin, Mitglied der Internationalen Arbeiterassoziation, 22. Juni 1870 in „La Marseillaise"

Als das Jahr 1871 heranbrach, war jedem Franzosen, wo auch immer er politisch stand, vollkommen klar, dass es nicht ohne einen größeren Knall vorbeigehen würde. Zu Beginn des Jahres 1870 war das nicht so klar gewesen. Eigentlich rechnete niemand, nicht einmal die erklärten Revolutionäre, mit bemerkenswerten Erschütterungen. Gewiss das Regime Napoleons III. war alles andere als beliebt, am wenigsten unter den ArbeiterInnen, das Land, die Gesellschaft, die kapitalistische Ökonomie befanden sich in einer Dauerkrise – in allen Belangen geriet Frankreich gegenüber anderen europäischen Mächten ins Hintertreffen – doch die Perspektive, dass gerade aus diesen Zutaten der Kuchen der Revolution gebacken wird, stellte niemand auf. Die mangelnde Vorbereitung war das Kennzeichen der Linken in Frankreich. Sie war ihr Verhängnis im Jahre 1870 und ihr tausendfacher Tod im Jahre 1871.

Wirft man einen Blick auf die wirtschaftlichen Rahmendaten des französischen Kaiserreichs, so erhält man schnell einen Eindruck von der Tiefe der wirtschaftlichen Schwierigkeiten. Schienenlänge, Kohleförderung und Eisenproduktion wuchsen zwar unablässig, aber viel langsamer als beim großen Konkurrenten England. Doch der Rückstand gegenüber dem Inselstaat im Norden war nichts im Vergleich zum Rückstand gegenüber einer neuen Macht, die bislang nur in Umrissen drohend erkennbar war. Die deutschen Staaten, allen voran Preußen, machten eine rasante Entwicklung durch.

Das industrielle Zurückbleiben Frankreichs bedingte im Zeitalter industrieller Kriege auch seinen militärischen Rückstand. Selbst das Bevölkerungswachstum fiel mit 34,4 Prozent in 60 Jahren seit 1800 schwächer aus als in England (zwischen 1800 und 1860 44,3 Prozent

Zunahme) und als in Deutschland (im selben Zeitraum Anwachsen um 39, 1 Prozent). Napoleon III. versuchte mit allerlei kolonialen Abenteuern seine ihm davon schwimmenden Felle wieder einzulesen, recht gelingen wollte es ihm nicht. Alle Versuche, seinem berühmten Verwandten nachzueifern, blieben erfolglos. Die Zeche dieser Politik zahlten die armen Bäuerinnen und Bauern und die ArbeiterInnen. Ihre Söhne fielen in Kriegen, sie schufteten für geringe Löhne und ihre Kinder starben nur deshalb an Krankheiten, weil sie zu wenig zu essen hatten, oder aber gezwungen waren unter miesesten hygienischen Bedingungen zu leben.

Zwischen 1852 und 1870 stieg der Lohn eines Bergarbeiters um drei, die Dividenden der Kapitalisten in diesem Industriezweig hingegen um 300 Prozent. Die Lebenshaltungskosten überstiegen die Löhne, Armut war ein Massenphänomen. Der Historiker Alistair Horne beschreibt die Lage der ArbeiterInnen im Frankreich Napoleons III. wie folgt: „Verschuldung war etwas Allgemeines, und Pariser Arbeiter schienen ihr halbes Leben bei den Pfandleihern zu verbringen, wo die Familienmatratze das übliche Pfand war. Nach Aussagen des Präfekten Haussmann lebte 1862 mehr als die Hälfte der Pariser Bevölkerung in einer an Not grenzenden Armut [...]." [2]

Ein Eisenbahner schilderte seine Lebens- und Arbeitsbedingungen in einem Leserbrief an eine französische Zeitung 1871: „Mit meinen zwanzig Dienstjahren bin ich bei der Bahngesellschaft von Orléans schon ein alter Hase im Beruf, ich habe ihm meine Jugend geopfert und Tag- und Nachtschichten von achtzehn bis zwanzig in jeweils vierundzwanzig Stunden herunter geschrubbt, ohne dafür mehr zu bekommen als einen Franc fünfzig pro Tag, das heißt fünfundvierzig Francs im Monat. Und davon soll man eine Familie ernähren können? Vierzehn Tage hintereinander Tagschicht, dann für vierzehn Tage Nachtschicht, von abends halb fünf bis sieben oder acht Uhr früh Züge entladen, Güter wegfahren, immer dasselbe, pausenlos. Dabei eine Behandlung, als wäre man ein Galeerensträfling; beim kleinsten Fehler heißt es schon zwei Francs fünfzig Buße, ohne dass man jemals erführe oder sich vorstellen könnte, weshalb." [3]

Keinen Arbeiter überraschte es mehr, dass Napoleon III. sich um ihre Gesundheit, ihr Leben, ihre Arbeitsbedingungen einen Dreck scherte. Aber Napoleon III. bewies im Streit um die spanische Thronfolge auch noch, wie unsicher er sich auf diplomatischem Parkett bewegte. Als der preußische Kanzler Otto von Bismarck

---

2   zit. nach Jean Villain: „Die großen 72 Tage", S. 30
3   zit. nach Villain: S. 176

eine französische Depesche fälschte und die Forderung des französischen Kaisers nach dauerhaftem Verzicht der Deutschen auf den spanischen Thron in verschärfter Form in die Öffentlichkeit geriet, reagierte Napoleon III. derart gereizt, dass er Bismarck den Gefallen tat, Preußen den Krieg zu erklären.

In Berlin wartete man auf diesen Schritt und eh man sich versah, befand sich Napoleon III. in einem Krieg gegen alle deutschen Teilstaaten. Ganz im Stile seines Vorfahren schritt er seinen Truppen voran und geriet, vom Pech verfolgt, am 2. September bei Sedan in Gefangenschaft. In Paris nutzte man die günstige Gelegenheit. Die herrschende Klasse befürchtete nach dieser Reihe von Misserfolgen der Kaiserherrschaft eine Revolution. Der galt es zuvor zu kommen, und so verkündete eine Riege erzkonservativer Politiker am 4. September die Republik und erklärte Napoleon III. für abgesetzt. Ein gewisser Trochu wurde Chef der neuen Regierung in Paris.

Schon am 19. September schlossen deutsche Truppen ihren Belagerungsring um die französische Hauptstadt und begannen die Eingeschlossenen auszuhungern. Die Regierung Frankreichs musste sich nun mit der Frage befassen, wie man mit dieser Herausforderung umgehen sollte. Man entschloss sich zu einer Art „Doppeltaktik" und schaufelte sich damit das eigene Grab. Der Bevölkerung gegenüber sprach man immer von Verteidigung und Kampf bis zum letzten. Gleichzeitig dachte man angespannt darüber nach, wie man den Kopf aus der Schlinge ziehen und den verlorenen Krieg mit möglichst wenigen Verlusten abschließen könnte.

Während also die Regierung Trochu über irgendeinen Friedensschluss nachdachte, bereiteten sich die Pariser auf eine lange Schlacht um ihre Hauptstadt vor: Sie hoben Gräben aus und sprengten Gebäude, die in der Schusslinie standen, in den Außenbezirken wurden Barrikaden aufgestellt und um die Hauptstadt mit Artillerie auszurüsten, spendeten die BewohnerInnen von Paris, trotz der riesigen Armut, ihr letztes Hab und Gut, um Kanonen und Mitrailleusen gießen zu lassen. Die Männer im „wehrfähigen Alter" wurden in einer Nationalgarde vereint – Paris war kampfbereit.

Genau das machte den Herren im Stadthaus Sorgen. Die Regierung Trochu war über derart viel Eifer unter der armen Bevölkerung reichlich besorgt. Die Nationalgarde wurde zusehends proletarischer, unzuverlässige Elemente hatten Waffen, nicht nur Gewehre, jetzt auch Kanonen! Wer sagte denn, dass diese Waffen nur gegen die Deutschen zum Einsatz kommen würden? Was sollte die geschundenen Pariser ArbeiterInnen davon abhalten, die Waffen gegen die neue „republikanische" Regierung zu wenden?

Man kannte nur eine Lösung. Trochu beauftragte einen Vertrauten, einen gewissen Thiers damit, Verhandlungen mit den Deutschen aufzunehmen, um einen Friedensschluss auszuhandeln. Egal welcher Frieden, Hauptsache Frieden! Die Nachricht lief wie ein Lauffeuer durch die Straßen von Paris. Was? Verhandlung? Aufgeben? Niemals! Proletarische Einheiten der Nationalgarde zogen am 31. Oktober 1870 vor das Stadthaus und verlangten die Wahl eines Stadtparlaments und den Abbruch der Verhandlungen. Doch sie wurden schnell wieder auseinander gejagt.

Innerhalb der Reihen der Regierung drohte Panik. Die ArbeiterInnen von Paris begehrten auf, die Waffen für den Aufstand und die militärische Organisation hatte die Regierung Trochu ihnen selbst in die Hand gegeben. Irgendwelche Zugeständnisse und seien sie noch so schwammig mussten her, um die Massen zu besänftigen. Und so verkündete man für den Februar 1871 Wahlen zur Nationalversammlung.

Die Lage in Paris spitzte sich mit den Wochen weiter zu. Man war vom Feind belagert. Die Schaf- und Kuhherden, die man als Nahrungsquelle in die Stadt getrieben hatte, waren größtenteils geschlachtet. Die einzigen Vögel, die die Wochen der Belagerung der Hauptstadt weitgehend unbeschadet überstanden hatten, waren die Tauben. Sie setzte man zur Nachrichtenübermittlung ein und so ließ man sie, trotz riesigen Hungers, am Leben, anders als ihre gefiederten Freunde.

Während das proletarische Paris Jagd auf Vögel machte, um dem Hunger zu entkommen, speisten die feinen Damen und Herren weiterhin fürstlich – auch im belagerten Paris. Sie verfügten nicht nur über gut gefüllte Nahrungsmitteldepots, die nur ihnen zugänglich waren. Als in den Delikatessenrestaurants das feine Fleisch auszugehen drohte, schlachtete man kurzerhand zahlreiche Zoo-Tiere. Wer genügend Kleingeld hatte, konnte selbst im vom Hunger gezeichneten Winter 1870/71, trotz Belagerung durch die Deutschen, Krokodil, Giraffe und andere auserlesene Speisen verzehren. Jeder konnte fühlen, dass das nicht mehr lange gut gehen würde und so verfiel die Regierung Trochu auf eine Idee, die auch die Regierung Kerenski im Russland des Jahres 1917 hinter verschlossenen Türen diskutierte: Man überlegte Paris den Deutschen auszuliefern, die würden mit den renitenten ArbeiterInnen schon fertig werden. Aber zuvor legte man selbst Hand an und schickte die Arbeiterregimenter der Nationalgarde am 19. Januar 1871 in einen Angriff gegen die deutschen Linien, der vollkommen aussichtslos und die

Verluste dementsprechend horrend waren.

Danach verließen große Teile der Regierung Hals über Kopf Paris. Ganze Ministerien begaben sich in die alte Königsresidenz, nach Versailles. Trochu trat als Ministerpräsident zurück und Thiers nahm seinen Posten ein. Der Regierung folgten tausende wohl begüterter Pariser nach Versailles.

Nun schlug die Stunde der Nationalgarde. Sie war die einzige wirkliche Macht in der französischen Seine-Metropole. Ihre Soldaten wählten Vertreter und diese wiederum ein Zentralkomitee. Doch irgendwie weigerte sich dieses zu erkennen, dass es die Macht in Paris hatte. Es ergriff zwar die notwendigsten Maßnahmen zur Organisierung des öffentlichen Lebens in der Hauptstadt, hingegen war es nicht bereit, die Regierungsgeschäfte an sich zu reißen. So folgten mehrere Wochen eines eigenartigen Schwebezustands: Das alte Regime hatte noch immer seine Verwaltung, zahlreiche Politiker, Polizei und Richter in der Stadt, war aber durch den Abzug eines großen Teils der Regierung viel zu schwach, um einer wirklichen Erhebung zu widerstehen.

Doch es bedurfte mehr als nur der Gelegenheit, damit die Pariser ArbeiterInnen die Macht ergriffen. Selbst als die neu gewählte Nationalversammlung – eine Institution der Krautjunker und Industriellen – ganz offen erklärte, dass die deutschen Truppen in die französische Hauptstadt einziehen dürften, um dort ihre Siegesparade abzuhalten, blieb das Zentralkomitee der Nationalgarde bemerkenswert ruhig. Es befahl zwar die von den Pariser ArbeiterInnen bezahlten Kanonen und Mitrailleusen an sichere Orte zu bringen und zu bewachen, um sie dem deutschen Zugriff zu entziehen, aber es stürmte weder das Stadthaus noch die Polizeipräfektur, obwohl schon zu dieser Zeit die Wut der ArbeiterInnen maßlos gewesen sein musste.

Während das Zentralkomitee die Gunst der Stunde nicht erkannte oder vielleicht die Augen vor der Möglichkeit, die Macht zu ergreifen verschloss, sah der neue Ministerpräsident Thiers diese Gefahr sehr deutlich. Am liebsten wäre er in der eigenen Hauptstadt einmarschiert und hätte die Pariser Proletarier zum Teufel geschickt. Aber womit? Truppen hatte er dafür zu wenige, zumindest fehlte es an zuverlässigen Einheiten. Wenn aber die Kraft für die Eroberung von Paris fehlte, so musste man doch wenigstens versuchen, die Nationalgarde, die Armee des kommenden Aufstandes, zu entwaffnen.

Der Aufstand

„Die Notwendigkeit des Kriegs hatte dazu geführt, dass das Proletariat von Paris in die Nationalgarde aufgenommen und bewaffnet worden war. Dieser Zustand dünkte den Elementen, die sich um Thiers scharten – Krautjunker, Geldmenschen, die Spitze der Bürokratie und die Armee – als eine unermessliche Gefahr. Nach der Unterzeichnung des Friedens erschien ihnen nichts dringender notwendig als die Entwaffnung des proletarischen Teils der Pariser Nationalgarde."

Karl Kautsky: „Terrorismus und Kommunismus"

In seiner Auseinandersetzung mit Karl Kautsky über die Maßnahmen der jungen Sowjetregierung äußert Trotzki an einer Stelle, dass die „[...] Arbeiter [...] nur unter dem Druck der eisernen Notwendigkeit zum Angriff über[gehen] [...]".[4] Die Revolution braucht zumeist die Peitsche der Konterrevolution. Oftmals brechen Revolutionen überhaupt erst aus, weil die Schläge der herrschenden gegen die beherrschte Klasse unerträglich geworden sind und den Unterdrückten kein Ausweg als der des Aufstandes bleibt.

Diese Feststellung trifft auf keine andere Revolution mehr als auf die Erhebung der Pariser Arbeiterklasse im Frühjahr 1871 im Allgemeinen und auf den 18. März im Speziellen zu. Das wichtigste Ergebnis dieses Tages, die Flucht der Re-gierung Thiers nach Versailles und die Errichtung der proletarischen Herrschaft über Paris, wäre ohne den Überfall der Regierung auf die Pariser Nationalgarde, der diese Entwicklung auslöste, undenkbar gewesen. Der Krieg, all die arbeiterfeindlichen Beschlüsse der Regierung Thiers und die objektive Notwendigkeit der Entmachtung der Regierung führten. nicht zum Aufstand. Dies tat erst Thiers' unverhohlene Kriegserklärung vom 18. März 1871. An diesem Tag nahm das Zentralkomitee der Nationalgarde das Heft des Handelns in die Hand, wenngleich, um es sofort wieder aus derselben zu geben.

Der 18. März und mit ihm der Überfall der Regierung Thiers auf Paris kam nicht aus heiterem Himmel. Er wurde von langer Hand vorbereitet und doch geradezu dilettantisch ausgeführt.

Seit den frühen Märztagen, im Angesicht einer sich verschärfenden Situation in Paris, kratzte die Regierung die letzten ihr verbliebenen Truppen zusammen, die für einen Überfall auf die Hauptstadt brauchbar schienen. Als diese Bemü-hungen am 14. März ihr Ende fanden, war das Ergebnis ernüchternd. Nur fünf Divisionen, etwa

---

4   Trotzki: „Terrorismus und Kommunismus"

50.000 Mann, stellten sich der Regierung zur Verfügung. Die deutschen Truppen hatten Schützenhilfe geleistet und sie unbehelligt über von ihnen besetztes Gebiet marschieren lassen. Das Gros dieser Truppen konzentrierte man an verschiedenen Stellen in und um Paris. Allerdings war sehr schnell erkennbar, dass nur rund 25.000 Mann wirklich verlässlich waren. Bei den ande-ren war nie sicher, ob sie der Regierung wirklich unterstanden, oder im nächsten Moment rebellieren würden. Somit standen am Vorabend des Pariser Aufstandes der Regierung nur 25.000 Soldaten, den Aufständischen jedoch 300.000 Nationalgardisten mit 700 Kanonen und 40.000 Granaten zur Verfügung.

Ursprünglich hatte Thiers gehofft, noch vor dem Zusammentritt der Nationalversammlung die Lage in Paris unter Kon-trolle zu bekommen. Gerade der Druck von Kapitalisten wie Hector Lesperut, Hüttenbesitzer und Großaktionär, drohte Thiers' Autorität zu untergraben. Er war zum Handeln gezwungen. Als am 15. März die Spitzenvertreter der bürgerlichen Ordnung in Versailles eintrafen, begrüßte er sie mit den Worten: „Entschuldigen Sie meine Herren, dass ich Sie noch nicht in Paris empfangen konnte".[5] Von dort eilte Thiers am 17. März in die Hauptstadt, um mit den in Paris verbliebenen Ministern und den Generalen Vinoy und de Paladine die Lage zu erörtern. In dieser Nacht traf er mit ihnen gemeinsam die folgenschwere Entscheidung, einen Handstreich gegen die Pariser Nationalgarde auszuführen.

Am 18. März um drei Uhr früh sollten die Regierungstruppen die von den Parisern bezahlten Kanonen der Nationalgarde wegnehmen und diese so ihrer stärksten Bewaffnung berauben. Von Beginn an stand dieses Unternehmen unter keinem guten Stern. Zwar schienen die Operationsziele geradezu simpel – die Beschlagnahme der auf 17 Plätzen stationierten Kanonen, Besetzung der öffentlichen Gebäude und der Hauptquartiere der Nationalgarde – doch entschied über Erfolg und Misserfolg nur, ob es den 25.000 Regierungssoldaten gelänge, bis zum Abschluss des Angriffs unbemerkt zu bleiben. Im Ernstfall wären sie 1 zu 15 unterlegen gewesen. Daher erhielt die Einheit unter Lecomte, welche die Kanonen vom Montmartre holen sollte, Anweisung möglichst leise durch Paris zu marschieren.

Doch neben dem mehr als ungünstigen Zahlenverhältnis krankte Thiers' Plan an tiefgreifenden organisatorischen Feh-lern: den Truppen wurde keine Verpflegung mitgegeben – es sollte ohnehin alles sehr schnell gehen – und die zum Transport der Geschütze

---

5   Harald Müller: „Es begann auf dem Montmartre", S. 84

dringend notwendigen Pferde ließ man in ihren Ställen. Die Soldaten sollten die Kanonen mit bloßer Muskelkraft bewegen, was bei
zwei Tonnen pro Stück nicht nur äußerst mühselig, sondern zudem
auch höchst gefährlich sein musste. Diese zwei Versäumnisse sollten die Geschehnisse des 18. März entscheidend mitgestalten.

Wie Diebe schlichen die Regierungstruppen in den frühen Morgenstunden zu ihren Zielen. Hier und da kreuzte gar ein Mitglied des
Zentralkomitees ihren Weg, das von einer eben beendeten Sitzung
heimging. Aber da Thiers' Soldaten die Mitglieder des Zentralkomitees weitgehend unbekannt waren, ließen sie diese unbehelligt. Andererseits schockiert die Tatenlosigkeit der Mitglieder des Zentralkomitees. Marschierende Regierungssoldaten in einer solchen Situation – das war der Bürgerkrieg, darüber hätte bei ihnen kein Zweifel
bestehen dürfen. Doch die Mitglieder des Zentralkomitees legten
sich schlafen!

Um 5 Uhr erreichten die Regierungstruppen überall ihre Ziele. Einige Schüsse wurden abgegeben – auf dem Montmartre entwickelte
sich ein kurzes Scharmützel zwischen den wenigen Bewachern der
Kanonen und den Angreifern – dann waren die Kanonen überall in
der Hand der Konterrevolution. Allerdings kam es auf dem Montmartre zu einem Zwischenfall. Einer der Posten der Nationalgarde
war schwer verletzt worden und schrie vor Qual. Zur selben Zeit
erwachte Paris, was damals bedeutete, dass vor allem die Arbeiterinnen erwachten. Vielfach in die Rolle der Hausfrau gedrängt, holten
sie das Frühstück und wurden dadurch zu den eigentlichen Heldin-
nen dieses Tages. Selbstverständlich entging ihnen der Lärm nicht,
weshalb sie sich sehr schnell bei den Kanonen versammelten. Mit
dabei war Louise Michel, eine anarchistisch gesinnte Lehrerin. Sie
erkannte nicht nur die Bedeutung dessen, was da vor sich ging – das
taten viele – sie war zudem so geistesgegenwärtig, Alarm zu schlagen.

Nun machte sich der erste Fehler bei der Vorbereitung bemerkbar.
Es mangelte an Pferden, um die Kanonen schnell abzutransportie-
ren. Die wenigen Pferde, die man inzwischen geholt hatte reichten
bei Weitem nicht aus. General Lecomte sah hilflos mit an, wie immer mehr Frauen die Kanonen umringten. Von der Rue des Rosiers
her stürmten weitere Arbeiterinnen und langsam auch die ersten
noch ziemlich verschlafenen Männer heran und verhinderten so
den Abtransport der Kanonen. Jetzt entglitt Lecomte die Situation
vollends. Die Pariser Arbeiterinnen teilten ihr karges Frühstück mit
seinen hungrigen Soldaten und machten sich so den zweiten Fehler
Thiers' zunutze. Die Wahl zwischen einem General, der verlangte

tonnenschwere Geschütze zu stehlen, und den beschwichtigend auf sie einredenden Pariser Arbeiterinnen und Arbeitern, die ihnen Brote gaben, fiel den meisten Soldaten sehr leicht.

Inzwischen waren auch die ersten Nationalgardisten auf dem Montmartre eingetroffen. Bei ihnen waren auch einige Liniensoldaten, die inzwischen zur Revolution übergelaufen waren. Regierungstruppen und Nationalgardisten in einer Reihe – dieser Anblick beeindruckte die noch schwankenden Soldaten Lecomtes. Nicht minder beeindruckend mochten die Bataillone der Nationalgarde sein, die am Fuße des Montmartre Stellung bezogen hatten, um ihn notfalls zu erstürmen.

Lecomte wollte all das nicht wahr haben. Er brüllte jede Menge Befehle und verlangte von seinen Soldaten schließlich, auf die ZivilistInnen zu schießen. Damit hatte er den Bogen überspannt. Die Soldaten weigerten sich nicht nur zu schießen, unter dem Jubel der Pariser ArbeiterInnen überwältigten sie Lecomte und alle ihm ergebenen Offiziere und nahmen sie fest. Später am Tage wurde er zusammen mit General Thomas, der ebenfalls befohlen hatte auf ZivilistInnen zu schießen, von den eigenen Truppen hingerichtet. Er war bei den PariserInnen noch in allzu schlechter Erinnerung. Bereits 1848 hatte er die Revolution in den Straßen der Hauptstadt niederschießen lassen.

Ob Belleville, oder die Hügel von Chaumont, die Bilder glichen einander: Auf allen von den Regierungstruppen in Paris besetzten Plätzen verweigerte die reguläre Armee die Befehle und ging auf die Seite der Revolution über. Nur auf dem Place Pigalle kam es zu einer größeren Schießerei, als General Subsielle die zusammengeströmten ArbeiterInnen und Nationalgardisten beschießen ließ. Doch nach einem kurzen Feuergefecht verweigerten auch ihm die Soldaten die Gefolgschaft und er musste fliehen.

Gegen elf Uhr war der Angriff der Versailler zurückgeschlagen. Der spontan einsetzende Widerstand der Pariser Arbeiter und der Nationalgarde ließ die Revolution triumphieren. Ganz Paris schien auf den Beinen zu sein. Uniformierte – Liniensoldaten genauso wie Nationalgardisten – und ZivilistInnen besetzten alle Straßen und Plätze.

Auf nach Versailles!

Im Außenministerium saßen die Regierung Frankreichs und die militärische Führung beisammen. Bis 6 oder 7 Uhr hatten sie ausschließlich Erfolgsmeldungen erhalten. Gegen Mittag versiegte der Strom an guten Neuigkeiten und besorgniserregende Nachrichten traten an ihre Stelle. Seit dem frühen Nachmittag war man völlig im Unklaren über die Lage der Dinge geblieben. Aber selbst unter diesen Bedingungen konnte man im Außenministerium mit einiger Bestimmtheit sagen, dass das Unternehmen zum Desaster geworden war.

Nach dem Mittagessen gab Ministerpräsident Thiers bekannt, unter diesen Umständen Paris nicht länger halten zu können. Der Minister Jules Favre protestierte gegen den Beschluss, die Hauptstadt zu verlassen. Seine Hoffnungen lagen auf General de Paladine, der einen Aufruf an die Nationalgardisten verlautbaren ließ, in dem es hieß, wer sich der Regierung anschließe, habe sich auf bestimmten Sammelplätzen einzufinden. Favre hoffte, so einige tausend regierungstreue Nationalgardisten für einen Gegenschlag zu sammeln. Doch es kamen nur 500! Fast alle der 300.000 Nationalgardisten hatten sich inzwischen der Revolution angeschlossen. An diesem 18. März 1871 war die Sache entschieden.

Doch immer noch glaubten einige Minister, strategisch wichtige Punkte in Paris mittels der regulären Armee halten zu können. Sie erkannten noch immer nicht die Vollständigkeit ihrer Niederlage. Genauso wenig wie – welch Glück für Thiers und die herrschende Klasse Frankreichs – die Revolution die Vollständigkeit ihres Sieges erkannte.

Gegen halb vier marschierten Einheiten der Nationalgarde vor dem Außenministerium auf, kommandiert von Paul-Antoine Brunel. Der General der Nationalgarde hatte an diesem Tag bereits mehrere Kasernen besetzen lassen. Verhaftung! Sturz! Revolution! Die Panik der Regierungsmitglieder kannte keine Grenzen. Auf einmal waren sich alle einig Paris so schnell wie möglich verlassen zu müssen. Hastig unterzeichnete Thiers noch einige Befehle: Alle Regierungstruppen sollten nach Versailles verlegt werden. Selbst die Besatzung der Paris umgebenden Forts hatte sich dorthin zu begeben. Thiers war völlig egal, dass ein Weiterkämpfen in der Hauptstadt womöglich das Ende dieser Soldaten bedeutet hätte. Viel mehr besorgte ihn die Tatsache, dass jede weitere Stunde in Paris die Truppen dem „verderblichen" Einfluss der Revolution aussetzte. Wie viele Soldaten waren jetzt schon übergelaufen? Befahl man dem Rest in Paris zu bleiben, war ihr Übertritt zur Revolution beinahe sicher.

Aber nicht nur das Militär sollte der Regierung nach Versailles folgen. Alle Beamten, alle Behörden, die gesamte Verwaltung wollte Thiers zum Verlassen von Paris bewegen. Konnte er Paris schon nicht unterwerfen, wollte er ihm auch nichts als blankes Chaos hinterlassen. Faktisch verurteilte er die Stadt auf diese Weise zum Tode. War die Verwaltung einmal abgezogen, war niemand mehr da, der die medizinische Versorgung, die Wasser- und Nahrungsmittelzufuhr organisierte. Kein Brief würde mehr ausgetragen, kein Zug mehr fahren. Es war als wollte Thiers den Pariser Arbeiterinnen und Arbeitern, die so frech ihre Kanonen verteidigt hatten und nun ungebetener Weise vor dem Außenministerium auftauchten, zeigen, dass sie ohne die Herrschaft der Bourgeoisie zugrunde gehen mussten.

Kaum war der letzte Befehl abgezeichnet, verließ Thiers fluchtartig das Gebäude durch eine Seitentreppe, um Versailles in einer bereitgestellten Kutsche zu erreichen. Thiers floh ganz unbehelligt aus Paris. So wie 47 Jahre später Gustav Noske in der deutschen Novemberrevolution, der den von Arbeitern gezogenen Belagerungsring um die Reichskanzlei einfach so durchschritt, um außerhalb von Berlin die Konterrevolution zu organisieren und die ArbeiterInnen zu massakrieren. Auch Thiers vergeudete in Versailles keine Zeit, um die Unterwerfung von Paris zu planen.

Paul-Antoine Brunel, der Mann, der wie Harald Müller richtig feststellte, am 18. März „[...] die Lage in Paris besser als die Mehrheit seiner Kampfgenossen [...]" überblickte, hatte gezögert.[6] Er hatte zu lange gewartet, den Befehl zum Sturm auf das Außenministerium nicht erteilt. Die Truppen waren da, sie schauten auf ihn. Auf ihn, der zu den Revolutionären übergelaufen war, und diszipliniert erwarteten sie seine Anweisungen. Doch den vielleicht wichtigsten Befehl seines Lebens erteilte Brunel nicht. Aus irgendeinem Grund strahlte das Außenministerium auf ihn mehr Autorität aus, als die Kasernen der Regierungstruppen, die er hatte erstürmen lassen.

---

6   Müller: S. 41

Auf nach Versailles?

„In seinem Widerstreben den durch Thiers' nächtlichen Einbruch in Montmartre eröffneten Bürgerkrieg aufzunehmen, machte sich das Zentralkomitee [...] eines entscheidenden Fehlers [...] schuldig, dass es nicht sofort auf Versailles marschierte und damit den Verschwörungen des Thiers und seiner Krautjunker ein Ziel setzte."

Karl Marx: „Der Bürgerkrieg in Frankreich"

In keine dieser Entwicklungen griff das Zentralkomitee als handelnder Faktor ein. Zwar hatte es sich um 10 Uhr in der Rue Basfroi versammelt, wer jedoch konkrete Anleitungen zum Handeln erwartete, wurde enttäuscht. Bestenfalls einige Mitglieder ergriffen die Initiative.

Noch am 17. März war das Zentralkomitee der Nationalgarde von der Verhaftung bedroht. Nur eine Nacht später hätte es die Arbeiterklasse von Paris, ja ganz Frankreichs zum Sieg führen können. Diese Wandlung ihrer Rolle schien die Mitglieder des Zentralkomitees zu überfordern. „Bei der Nachricht von dem Angriff [der Regierungstruppen auf die Kanonen – S.K.]eilten die Einen in die Rue Basfroi, die Anderen bemühten sich, die Bataillone aus ihren Quartieren zusammenzubringen [...]," schildert Lissagaray, einer der bekanntesten Kommunechronisten, das Durcheinander im Zentralkomitee.[7]

Damit war schon der erste Tag der Pariser Kommune, wie die 71 folgenden, von einem unübersehbaren Widerspruch zwischen den vorwärtsdrängenden Massen und der Führung, die in großen Teilen eher vorsichtig war, gekennzeichnet. Haffner spitzt dieses Missverhältnis nochmals zu: „Die Nationalgarde trat [...] in allen Stadtvierteln den Regierungstruppen entgegen. Wie auf Befehl, obwohl es keine zentrale Führung gab [...]."[8]

Neben einfachen Nationalgardisten und Pariser Arbeiterinnen und Arbeitern ist es vorrangig Paul-Antoine Brunel, der aktiv wird. Der ehemalige Oberst erfasst nicht nur – anders als zunächst noch das Zentralkomitee – dass der 18. März den lang ersehnten Beginn der Revolution bedeutet, er weiß auch worauf es in dieser Situation ankommt. Um drei Uhr besetzte er mit Nationalgardisten die Natio-

---

7   Lissagaray: „Geschichte der Commune von 1871", S. 72
8   Haffner: S. 29

naldruckerei und eine Stunde später die Kaserne Napoleon. Schließlich stürmte seine Kolonne das Stadthaus und ließ überall dort, wo die Bevölkerung es noch nicht spontan getan hatte Barrikaden errichten.

Zur gleichen Zeit traf man im Zentralkomitee die erste schwere Fehlentscheidung dieses Tages. Man suchte nach einem Oberbefehlshaber für die gesamte Pariser Nationalgarde. Doch statt einem verdienten Revolutionär dieses Amt zu geben, erhielt es ein Mann namens Lullier.

Ausgerechnet Lullier! „Er hatte bei den Ereignissen des Tages gar keine Rolle gespielt."[9] Wenn er nicht gerade betrunken war oder seinen Rausch ausschlief, soll er sogar wenige lichte Momente gehabt haben, in denen er leider auch einige Überzeugungskraft besaß. Tragischerweise war der 18. März einer dieser Momente und so schaffte er es, das Zentralkomitee von sich zu überzeugen. Militärisch war er jedoch – ob betrunken oder nicht – wenig bewandert.

Seine Weisungen offenbarten noch am selben Tag seine katastrophale Unfähigkeit. Statt Paris sofort abzuriegeln und die Tore zu schließen, ließ er die Versailler Truppen entkommen. Er versuchte nicht einmal sie zu entwaffnen und vergab so die einmalige Gelegenheit moderne Gewehre zu erbeuten. Vieles deutet darauf hin, dass sich die zerrütteten Regierungstruppen aufgelöst und teilweise sogar der Revolution angeschlossen hätten, hätte Lullier sie nicht nach Versailles ziehen lassen.

Dort waren sie dem Kommando der alten Offiziere unterworfen, nicht weit vom revolutionären Paris und doch weit von der Revolution, waren sie auf sich allein gestellt. Um in Versailles zu rebellieren, brauchten sie mehr Mut als in Paris. In der Hauptstadt mussten sie „nur" die Kommandos einiger Offiziere überhören und wurden von der Pariser Arbeiterklasse mit Umarmungen dafür belohnt. In Versailles standen ihnen Befehlshaber, bürgerliche Gerichte, Polizei und die aus Paris geflohene „High Society" gegenüber. Dort waren keine Umarmungen, sondern Kugeln der Lohn für Befehlsverweigerung.

Dass Lullier all das übersah, war ein Zeichen seiner Inkompetenz und ein fatales Verhängnis für die Pariser Kommune. Er war nicht einmal so klug Mont Valerien, das wichtigste Fort von Paris, zu besetzen. Thiers hatte es in seiner Panik räumen lassen, was der Nationalgarde faktisch den Weg nach Versailles frei machte, da Mont Valerien an der Straße von Paris nach Versailles gelegen war. Die Pflichtvergessenheit Lulliers erlaubte es Thiers, am 20. März das

---

9   Lissagaray: S. 86

Fort wieder einzunehmen. Schon zwei Wochen nach dieser Farce mussten zahllose Nationalgardisten beim verspäteten Angriff auf Versailles ihr Leben lassen, weil Mont Valerien in Thiers' Hand war. Wüsste man nicht um Lulliers Trunkenheit, die nur von seiner Geltungssucht überboten wurde, man hätte ihn gut und gerne für einen Spion Thiers' halten können. Zumindest hätte sich dieser keinen besseren Vertreter seiner Interessen an der Spitze der Nationalgarde wünschen können.

Während Lullier noch fleißig am Sargdeckel der Kommune weiterzimmerte, traf das Zentralkomitee der Nationalgarde seine zweite schwere Fehlentscheidung dieses Tages. In einem stundenlangen Streit entschloss sich das Zentralkomitee schließlich, der Nationalgarde nicht die Verfolgung der Truppen nach Versailles zu befehlen. Die Verhaftung der Regierung Thiers, die in den ersten Stunden der Revolution und den unmittelbar folgenden Tagen faktisch widerstandslos möglich gewesen wäre, wurde von der Tagesordnung gestrichen. Nur wenige Stunden nach dem Ausbruch der Revolution unterschrieb das Zentralkomitee, ohne es auch nur zur ahnen, das Todesurteil der Kommune.

Im Grunde war die diesem Entschluss vorangegangene Debatte nur eine von vielen weiteren über den Charakter der Revolution. War die Revolution kommunal oder national? Was wollte man mit der Macht, die dem Zentralkomitee zugefallen war, anfangen? Vertrat das Zentralkomitee ganz Frankreich oder nur Paris? Durfte man es wagen, die Regierung nach Versailles zu verfolgen und sie aus dem Amt jagen?

Das Zentralkomitee fürchtete plötzlich die Macht, welche es nun besaß. Unbestritten war es die Revolutionsregierung, doch vor revolutionären Maßnahmen schreckte es zurück. In den Entscheidungskampf eher unfreiwillig hineingeraten, zeigte es sich unfähig, ihn zu führen.

Edouard Moreau unterbreitete den Vorschlag, Wahlen zur Kommune abzuhalten und diesem Rat die Macht zu übertragen. Zwei Mitglieder des Zentralkomitees sprachen sich sofort dagegen aus und forderten den Angriff auf Versailles und die Entmachtung der Regierung Thiers. Sie wurden allerdings schnell überstimmt. Die Gründe, die gegen einen Ausfall nach Versailles sprachen, schienen allzu gewichtig zu sein: Wie würden die deutschen Truppen, die nach wie vor auf französischem Boden, teilweise sogar in der Hauptstadt standen, mit einer Revolutionsregierung umgehen? Könnte man das französische Land, die Bauern, die Provinz auf die Seite von Paris, auf die Seite der Revolution ziehen? Hatte man mit der Versorgung der Pariser Bevölkerung nicht genug zu tun? War diese Herausforderung nicht groß genug? Außerdem, wenn Frankreich dem Pariser Beispiel folgen wolle, so könne es dies jederzeit tun. Somit setzte sich die Auffassung durch, einen Kommunerat zu wählen und diesem die politische Gewalt in der Stadt zu übertragen. Dieser Beschluss offenbarte die enorme politische Schwäche des Zentralkomitees. Letztlich tat dieser nichts anderes als die Verantwortung vom Zentralkomitee abzuschieben. Die einzelnen Gemeinden Frankreichs sollten selbst die Initiative ergreifen. Die kommunale Selbstorganisation der Kommunen durch die Arbeiterklasse vor Ort war zweifellos ein richtiges Konzept. Doch enthob es Paris nicht seiner herausragenden Verantwortung für die Revolution in ganz Frankreich. Auf den Mut der einzelnen französischen Kommunen zu hoffen, war zu wenig. Es gab zwar in verschiedenen Städten Erhebungen, wie Marseille und Narbonne, letztlich wurden diese aber genau von der Zentralmacht niedergeworfen, die das Zentralkomitee bestehen ließ, der Regierung in Versailles.

Unter diesen Bedingungen konnten die französischen Kommunen Paris nicht nachfolgen – wie sehr sie es auch wollten. Zumal ihre militärischen Kräfte lange nicht die Stärke der Pariser Nationalgarde besaßen. Sie konnten sich auf Dauer des Drucks der Regierungstruppen nicht erwehren, geschweige denn sie schlagen. Militärisch und geographisch war dazu nur Paris imstande. Sich aus dieser Verantwortung zu stehlen, bedeutete nichts anderes, als jede einzelne französische Stadt allein gegen die Versailler Regierung kämpfen zu lassen, das war gleichbedeutend mit der Niederlage der Revolution in den anderen Gemeinden.

Gerade weil das Land weitestgehend reaktionär war und nur die Städte revolutionär gesinnt waren, hätte Paris handeln müssen. Versailles und das reaktionäre Land gegen die revolutionären Städte – dies war eine Konstellation, die den revolutionären Zentren eine Niederlage einbringen musste und schließlich auch einbrachte. Ebenso war die Notwendigkeit der Organisation der Versorgung von Paris durch die Revolutionäre ein Grund für einen Schlag gegen Versailles. Drohte doch die Aushungerung von Paris durch eine Allianz aus Regierung Thiers in Versailles und reaktionären Junkern auf dem Land. Auch die Gefahr von Seiten der deutschen Truppen wäre gemindert worden durch den Sturz Thiers' durch die Revolutionäre. Ohne diese Regierung hätten die deutschen Truppen keinen Partner gehabt, der die Konterrevolution hätte zentral organisieren können. All die Gründe, die das Zentralkomitee gegen einen Angriff auf Versailles auflistete, waren genau genommen Gründe für einen

Sturz der Regierung Thiers in Versailles.

Dennoch setzte sich die Auffassung durch, nicht sofort loszuschlagen, abzuwarten und den Kommunerat zu wählen. Solle der doch entscheiden. Ja, man zeigte sich sogar verhandlungsbereit mit Versailles und verschob – entsprechend der Forderung Thiers' (!) – die Wahlen mehrmals. Die Pariser Revolutionsregierung verhandelte mit der konterrevolutionären Regierung in Versailles, die realistisch betrachtet zu diesem Zeitpunkt keine Macht mehr besaß, und ging auf deren Forderungen ein.

Thiers war in den ersten Tagen nicht einmal in Versailles selbst Herr der Lage. „Seine" Soldaten irrten in kleinen Gruppen durch die Stadt. „Vinoy konnte kaum so viele auftreiben, um einen Posten auf die Straße von Chatillon und Sèvres zu stellen und die Zugänge zu der Versammlung [der Regierung – S.K.] [...] zu besetzen."[10]

Doch statt diese Schwächen auszunutzen, was unnötiges Blutvergießen vermieden hätte, debattierte man in Paris über Wahlmodi und Kandidatenauswahl. Die Wahlen zur Kommune zu diesem Zeitpunkt durchzuführen, als ein demokratisch gewähltes Gremium bereitstand, um wenigstens vorübergehend die Revolution zu führen, schwächte die revolutionären Kräfte und stärkte die reaktionären, weil es der Konterrevolution Zeit verschaffte, sich zu reorganisieren.

---

10 Lissagaray: S. 102

Zentralkomitee lehnt Verantwortung ab

„Das Bestreben des Zentralkomitees, die Macht sobald wie möglich einer gesetzlichen Regierung zu übergeben, wurde nicht so sehr vom Aberglauben des formalen Demokratismus, an welchem übrigens kein Mangel herrschte, diktiert, wie von der Furcht vor der Verantwortung."
Leo Trotzki: Terrorismus und Kommunismus"

Revolutionen haben die Angewohnheit ihre ZeitgenossInnen zu überraschen und Akteure, die sich nicht auf ihren Rhythmus einstellen zu überrennen. Am Abend des 18. März 1871 hatte das Zentralkomitee der Nationalgarde die Macht in Paris inne. Es hatte die Verantwortung für die Revolution in ganz Frankreich, aber auch wenn es sich vielleicht in Ansätzen dieser Rolle bewusst war, war es nicht in der Lage diese auszufüllen.

Dennoch war es weit davon entfernt untätig zu sein. Seine Handlungen waren revolutionär, weil sie einen Bruch mit dem herrschenden Zeitgeist darstellten, die bürgerliche Gesellschaft als Gesellschaft der Unterdrückung der ArbeiterInnen entlarvten, aber sie halfen nicht, die eigentliche Aufgabe zu lösen: Der herrschenden Klasse die Macht zu entreißen. „Unter dem Vorwand, dass es eine provisorische Institution sei, wich das Zentralkomitee der Ergreifung der notwendigsten und dringendsten Maßnahmen aus, ungeachtet dessen, dass sich der ganze materielle Apparat in seinen Händen befand", resümiert Leo Trotzki.[11] Der Belagerungszustand wurde am 19. März aufgehoben, die Kriegsgerichte wurden aufgelöst. Im Angesicht zahlreicher politischer Gefangener verkündete das Zentralkomitee eine Amnestie und entließ all jene, die in den Monaten und Jahren vor dem Aufstand Opfer der Klassenjustiz des Kaiserreichs wurden, aus der Haft. All diese Maßnahmen hätte auch eine entschlossene revolutionäre Führung genauso getroffen, sie drängten sich als logische Folge der Ereignisse des Vortages geradezu auf. Dabei stehen zu bleiben war zu wenig.

Außerdem leitete das Zentralkomitee eine Reihe von schweren Fehlern im Umgang mit der in der Hauptstadt beheimateten französischen Nationalbank ein. Um überhaupt handlungsfähig zu bleiben, erbat das Zentralkomitee einen Kredit in Höhe von zwei Millionen

---

11 Trotzki: „Terrorismus und Kommunismus"; S. 75

Francs. Die Zukunft der französischen Republik stellte es sich als eine Föderation freier Kommunen vor, weshalb sich die KommunardInnen nicht selten als „Föderierte" bezeichneten.

Außerdem rief man zur Wahl eines Munizipalrates auf. Allein dieser Aufruf ließ jedoch der herrschenden Klasse den Schreck in die Glieder fahren. Einen Munizipalrat hatte Paris nicht mehr seit den Tagen der Jakobinerherrschaft. In dieser Zeit waren gerade die Armen in der Hauptstadt die vorwärtstreibende Kraft der Revolution gewesen. Seit dem Thermidor, der Entmachtung der Jakobiner, hatte man Paris nicht mehr gestattet, ein eigenes Parlament zu wählen und dies hatte vor allem den Grund, dass sich um den Kommunerat von Paris in den Jahren von 1792 bis 1794 die entschlossensten und radikalsten Revolutionäre sammelten. Die Erinnerung daran raubte den Herrschenden den Schlaf, daher hatten sie bislang jeden Ansatz zur Wahl einer kommunalen Vertretung verhindert.

Zwei Tage nach der Veröffentlichung des Aufrufes folgte ein weiterer, in dem das Zentralkomitee in völliger Verkennung der Lage den Aufstand bereits als siegreich bezeichnete und erklärte, die ArbeiterInnen sollten nun beginnen sich zu emanzipieren.

Wahl des Kommunerats

„In Wirklichkeit stand die Frage so: wollte man gegen Versailles vorrücken und wollte man das sofort, ohne auch nur eine Stunde zu verlieren, so musste die Nationalgarde sofort reorganisiert, an ihre Spitze die kampffähigsten Elemente des Pariser Proletariats gestellt und Paris dadurch zeitweise in revolutionärer Hinsicht geschwächt werden. Aber in Paris Wahlen vornehmen und gleichzeitig die Blüte der Arbeiterklasse aus seinen Mauern hinausführen, das wäre vom Gesichtspunkt der revolutionären Partei aus sinnlos gewesen."

Leo Trotzki: „Terrorismus und Kommunismus"

Die lange vor der Revolution eingesetzten Bürgermeister der einzelnen Stadtteile und die Regierung Thiers wirkten ständig auf die Verlegung der Wahlen zum Kommunerat hin. Erst sollten sie am 22., dann am 23. März gewählt werden. Jedes Mal erbat die konterrevolutionäre Regierung einen Aufschub und jedes Mal ließ sich die Revolutionsregierung darauf ein. Schließlich wurde am 26. März gewählt. Das Ergebnis war ein überwältigender Sieg für die revolutionären Kräfte. Insgesamt beteiligten sich 230.000 von 480.000 wahlberechtigten Pariserinnen und Parisern an den Wahlen zum Kommunerat. Von den 90 Abgeordneten waren nur 21 bürgerliche Politiker, alle anderen verstanden sich als Revolutionäre. Sie kamen aus unterschiedlichen Traditionen und wurden nicht durch ein gemeinsames Programm geeint. So saßen 17 Mitglieder der Internationalen Arbeiterassoziation (IAA, die erste sozialistische Internationale), neben sieben Blanquisten, 13 Mitgliedern des Zentralkomitees, neun Vertretern der revolutionären Presse und 21 Mitgliedern revolutionärer Klubs. Mit in den Kommunerat wurden bekannte Revolutionäre wie der Jakobiner Delescluze oder das Mitglied der IAA, der Sozialist Louis Eugene Varlin, gewählt.

Den unglückseligen 67jährigen Auguste Blanqui, der bereits an der Julirevolution 1830 teilgenommen hatte, hatten die Pariser ArbeiterInnen zwar in den Kommunerat entsandt, allerdings hatte dieser sich wenige Tage vor Ausbruch des Aufstandes zu einem Erholungsurlaub aufs Land begeben. In seinem Domizil wurde er nach der Pariser Erhebung kurzerhand durch die Versailler Regierung festgesetzt. Alle Versuche der KommunardInnen ihn gegen Erzbischof Darboy auszutauschen, bescheinigte Thiers mit einem kühlen Nein. So konnte Blanqui seinen Sitz im Parlament der französischen Hauptstadt niemals einnehmen.

Hierin bestand die entscheidende Schwäche des Kommunerats. Gewählt wurden zweifellos zahlreiche tatkräftige Revolutionäre, die jedoch allesamt kein wirkliches Programm formuliert hatten. Lissagaray schrieb später, die Pariser Arbeiterklasse habe vergessen „das Mandat seiner Gewählten zu definieren."[12] Das größere Problem war, dass keine Organisation ein solches Programm anbot. Die IAA umriss als einzige in sehr groben Zügen was die nächsten Schritte sein könnten. Alle waren von der Spontanität der Pariser Arbeiterklasse überrascht und somit nicht in der Lage, der Revolution einen politischen Ausdruck zu geben. Die IAA, die revolutionärste Organisation in Paris, war durch zahlreiche Verhaftungen im Vorfeld der Erhebung durch Thiers' Polizei stark geschwächt.

Die Entsendung der Abgeordneten in den Kommunerat war somit auch nicht an die Erfüllung konkreter Aufgaben gebunden. In Anbetracht dessen überrascht die Umsicht, welche die Abgeordneten bei ihrer Amtsführung walten ließen, beinahe.

Zwei Tage nach der Wahl, am 28. März, wurde die Kommune feierlich proklamiert. Hunderttausende ParariserInnen strömten vor das Stadthaus und feierten den Beginn einer neuen Zeit. Unbeschreibliche Hoffnungen wurden mit dem Kommunerat verbunden: Armut, Arbeitslosigkeit und Unterdrückung sollten ein Ende haben. Doch gerade die Wahl des Stadtparlaments war letztlich ein Schritt weg von diesem Ziel. Statt den Unterdrückern den Kopf abzuschlagen, indem man ihnen die in Versailles sitzende Regierung nahm, wählte man in Paris demokratisch einen Revolutionsausschuss, der einen anderen demokratisch gewählten Revolutionsausschuss ersetzen sollte: Der Kommunerat trat an die Stelle des Zentralkomitees der Nationalgarde von Paris. Während man in der französischen Hauptstadt wählte, standen die bewusstesten Anhänger der Kommune bereits auf den Barrikaden der Pariser Vororte, um die Versailler am Eindringen in die Hauptstadt zu hindern. Das Ergebnis der Wahlen zum Munizipalparlament war zudem ein steter Dualismus zwischen dem Zentralrat der Nationalgarde von Paris und dem Kommunerat. Anders als später das Militärische Revolutionskomitee des Petrograder Sowjets in der Russischen Revolution 1917 verstand sich das Zentralkomitee nicht als ausführendes Organ der Kommune, sondern durchaus als eigenständige revolutionäre Institution. War es auch zu unentschlossen, um im entscheidenden Moment den Angriff auf Versailles einzuleiten, fehlte ihm die revolutionäre Courage, die Staatsgeschäfte in Paris wenigstens vorüberge-

---

12 Lissagaray: S.100

hend zu leiten, so schien es doch entschlossen genug, um Kraft und Energie in ständigen Kompetenzstreitigkeiten mit dem Pariser Parlament zu vergeuden.

Als wenige Tage nach der Wahl die bürgerlichen Abgeordneten aus dem Rat austraten, hielt man Ergänzungswahlen ab. Während dieser Wahlen war der Großteil der KommunardInnen schon im Feuer des revolutionären Krieges, so dass die Ergebnisse dieser Wahlen teilweise nicht anerkannt wurden, weil zu wenige an ihnen teilnehmen konnten.

Ein ausschlaggebendes Argument für die Entscheidung zu Gunsten der Wahlen zum Kommune-Parlament war die Absicht, den Feinden der Erhebung die Möglichkeit zu nehmen, die Vorgänge in Paris als undemokratisch hinzustellen. Doch wie demokratisch die Kommune sich auch bemühte zu sein, für ihre Feinde war sie immer nur ein Haufen Unruhestifter. Andererseits konnten die bewusstesten ArbeiterInnen oftmals gar nicht mit wählen, da sie Paris verteidigten. Ein wirklich demokratisches Paris wäre daher nur nach dem Sturz der Regierung in Versailles möglich gewesen.

„In Erwägung, dass das Volk…" – Der soziale Charakter der Kommune

„Als Administratoren und Organisatoren der Verwaltung einer großen Stadt waren die Vertreter des Pariser Proletariats keinesfalls schlechter als die üblichen Beamtenroutiniers, eher besser. Ihr Sinn für das Praktische, ihre Energie und ihr ehrlicher Wunsch der Gesellschaft von Nutzen zu sein, überwanden dabei schnell alle Hindernisse."

Lavrov: „Die Pariser Kommune": S. 79

In den 72 Tagen der Kommune war der Charakter der Revolution stets umstritten. Auch innerhalb der IAA stellte man sich die Frage, ob es an der Zeit sei, soziale Maßnahmen zu ergreifen, die Eigentumsverhältnisse also grundlegend zu ändern, oder ob es dafür noch zu früh sei. Dies implizierte die Frage, ob die Pariser Kommune eine proletarische Ausrichtung hatte.

Zum 100. Jubiläum der Pariser Kommune erklärte Sebastian Haffner gar, diese sei ein völlig normales, wenn auch einfallsreiches, Stadtparlament gewesen: „Die KommunardInnen waren keine Kommunisten. Sie kämpften gegen Monarchisten, Generale und 'Pfaffen'. Die Kapitalisten ließen sie ungeschoren. Sie rührten selbst in der höchsten Not die Bank von Frankreich nicht an."[13] In der Tat unterließen sie diesen Schritt ebenso wie die Enteignung ausnahmslos aller, nicht nur der geflohenen, Kapitalisten und die Übergabe ihrer Betriebe in die Hände der Pariser Arbeiterklasse.

Was Sebastian Haffner anführt – die Verschonung der Bank, das Weiterfunktionieren der Börse unter den KommunardInnen — waren ohne Zweifel ihre größten Fehler. Mit über zwei Milliarden Francs in ihren Kassen wäre die französische Nationalbank in der Hand der Kommune nicht nur einfach ein bedeutender Kriegsschatz gewesen, die Übernahme der Bank hätte auch die Regierung Thiers in Paris trocken gelegt. Stattdessen entstand die groteske Situation, dass aus dem befreiten Paris Geld an die kapitalistische Regierung in Versailles floss, während diese gegen die Kommune Krieg führte. Diese musste hingegen stets um bescheidene Kredite betteln.

---

13 Haffner: S. 38

Da keine der an der Erhebung beteiligten Organisationen über ein Programm verfügte, fehlte auch jede Vorstellung darüber, was zu tun sei. Somit geriet die in ihrer Bedeutung kaum zu überschätzende Aufgabe, die Bank zu übernehmen zu einer Aufgabe unter vielen. Die Kommune wollte keine eigenmächtigen Entscheidungen treffen. Frankreich sollte eine Gemeinschaft freier Kommunen werden, diese sollte dann über die Zukunft der Bank entscheiden. Nur wenigen Abgeordneten der Kommune kam in den Sinn, dass man auch dadurch eine Entscheidung traf, nämlich jene, die Bank nicht daran zu hindern, der kapitalistischen Regierung in ihrem Kampf gegen ein Frankreich aus freien Kommunen behilflich zu sein. Man begnügte sich mit einigen Demonstrationen der Stärke und ließ immer dann, wenn die Bank sich wieder einmal weigerte, der Pariser Kommune Geld zu zahlen ein Bataillon der Nationalgarde vor dem Gebäude der Nationalbank aufmarschieren.

„Alle Insurgenten, die es ernst meinen," schreibt Lissagaray[14], „machten damit den Anfang, dass sie den Nerv des Feindes, die Kasse an sich nahmen, der Rath der Kommune war der einzige, der sich dessen weigerte." Der Rat der Kommune beauftragte einen Vertreter, einen Mann namens Beslay, sich um die Beziehungen mit der Bank zu kümmern. Dieser verhandelte selbst dann noch, als die Bank sich weigerte, den Sold an die Nationalgardisten zu zahlen. Einzig die Vertreter der IAA im Rat traten für eine Übernahme, oder wenigstens Besetzung der Bank ein. Doch der Wind blies ihnen eisig ins Gesicht. „Die Proudhonianer im Rat vergaßen, dass ihr Meister die Unterdrückung der Bank an die Spitze seines revolutionären Programms gestellt hat [...]."[15] Nicht nur die Proudhonianer, auch die Abgeordneten der anderen Organisationen, mit Ausnahme derjenigen der IAA, bezogen Position gegen revolutionäre Maßnahmen gegen die Bank. „Die Festung des Capitals zählte in Versailles keine eifrigeren Vertheidiger als im Stadthaus [dem Sitz des Kommunerats – S.K.]".[16]

Tatsächlich hätte die Kommune der französischen Bourgeoisie also weit größere Schläge beibringen, sie sogar in ganz Frankreich entmachten können. Allein die Übernahme der Bank hätte die Macht des Kapitals ins Wanken bringen können. Aber ihr aufgrund ihrer offenkundigen Fehler, den proletarischen Charakter abzusprechen, ist schon deshalb unhaltbar, weil die Arbeiterklasse laut aller Zeitzeugen die entscheidende Kraft bei der Übernahme der Macht und

---

14 Lissagaray: S. 183
15 Lissagaray: S. 185
16 Lissagaray: ebenda

in der Verwaltung war. Umstritten war weniger, wer in Paris vom 18. März bis zum Eindringen der Regierungstruppen am 21. Mai herrschte, als mehr für wen die Arbeiterklasse ihre Macht nutzte.

Lavrov schreibt über die Pariser Kommune, sie habe bewiesen, „[...] dass die Arbeiterklasse imstande ist, für die Verwaltung der öffentlichen Angelegenheiten Leute zu bestimmen, die ihre Sache nicht schlechter machen als die Vertreter der Intelligenz, die die Administration bisher für ihre Spezialität gehalten hatten."[17] Und sie machten, trotz aller Fehler, von ihrer Macht im Interesse ihrer Klasse Gebrauch. Das „Dekret über die Pfandhäuser" regelte die kostenfreie Rückgabe von persönlichem Eigentum, welches ArbeiterInnen aufgrund der großen finanziellen Not, gerade während des deutsch-französischen Krieges, verpfändet hatten. Die Nachtarbeit der Bäcker wurde ebenso abgeschafft wie das kirchliche Schulwesen. Die „Unantastbarkeit" der bürgerlichen Ehe war den KommunardInnen – sehr zum Ärgernis der Kirche – kein Leitbild. Uneheliche Kinder und Geliebte von Nationalgardisten hatten im Falle des Todes desselben Anspruch auf finanzielle Unterstützung durch die Kommune. Sie wurden somit vor dem Gesetz deren Ehefrauen und ehelichen Kindern gleichgestellt.

Sehr viel klarer belegt jedoch das „Dekret über die stillgelegten Handwerksbetriebe" den proletarischen Charakter der Kommune. Es bestimmte, dass Betriebe, welche durch die Flucht ihrer Besitzer nach Versailles hatten stillgelegt werden müssen, in die Hand von Genossenschaften übergeben wurden, um von diesen weitergeführt zu werden. Das Inventar dieser Betriebe – Maschinen, Werkzeuge und so weiter. – wurde vom Kommunerat zentral erfasst und verwaltet. Das in der bürgerlichen Gesellschaft geheiligte Privateigentum an Produktionsmitteln war durch diesen Beschluss nicht nur in Frage gestellt, sondern vielfach aufgehoben. Ein Arbeiterparlament, getragen von Wohngebiets- und Soldatenausschüssen, geschützt durch die bewaffnete, selbstorganisierte Arbeiterklasse, hatte diesen Beschluss gefasst und damit das bürgerliche Recht außer Kraft gesetzt – das war der Charakter der Kommune.

Die umfassende Enteignung der Kapitalisten jedoch blieb aus. Auch dies war Ausdruck eines fehlenden Aktionsprogramms anhand dessen man die Eigentumsfrage umfassend diskutieren und das Privateigentum an Produktionsmitteln durch gesellschaftliches Eigentum hätte ersetzen können. Nicht vergessen darf man allerdings, dass dem Paris der ArbeiterInnen wenig Zeit blieb, derartige Beschlüsse umzusetzen.

---

17 Lavrov: S. 81

So nahm eine vom Kommunerat gebildete „Kommission für Arbeit, Industrie und Handel", in der mit Malon und Franckel ausgewiesene Anhänger einer sozialen Umwälzung saßen, zwar noch die Arbeit auf, erzielte jedoch kaum Ergebnisse. Die Aufgabe dieser auf Vorschlag der IAA gebildeten Kommission war die Verbreitung der sozialistischen Lehren und grundlegende Überlegungen zur Gleichstellung von Arbeit und Arbeitslohn. Franckel stellte hierzu ein Initiativkomitee aus Arbeitern auf. Dieses sollte Delegierte der IAA, der Genossenschaften und Wirtschaftswissenschaftler einladen und praktische Maßnahmen zur Umwandlung des Privateigentums an Produktionsmitteln in gesellschaftliches Eigentum mit diesen diskutieren, sowie entsprechende Dekrete für den Kommunerat vorbereiten. Arthur Arnould schrieb darüber: „Das war so etwas wie ein Staatsrat [...] dessen Aufgabe es war, den Wünschen der Arbeiter eine praktische Form zu verleihen, die die Kommune später in ein Gesetz verwandeln würde."[18]

Der Erfolg dieser Kommission wurde durch das Eindringen der Versailler verhindert. Bevor sie ihr Werk der sozialen Umwälzung Wirklichkeit werden lassen konnte, war die Kommune schon in ihrem Blut erstickt worden. Doch neben der fehlenden Zeit hinderte die KommunardInnen auch das Fehlen einer revolutionären Organisation mit einem Aktionsprogramm an der Enteignung der Kapitalisten.

Wie keine andere Revolution vorher zeigte die Pariser Kommune die Bedeutung der sozialen Revolution. Erstmals griff sie das geheiligte Privateigentum an Produktionsmitteln an: „Wenn man die frühere ökonomische Grundlage der Gesellschaftsordnung beibehielt, gab es eigentlich auch keinen Grund, warum in Paris – sei es in einer autonomen Kommune einer französischen Föderation oder sogar in einer selbständigen Republik Paris – die Bourgeoisie die Arbeiterklasse nicht weiter zu ihrem eigenen Nutzen ausbeuten und ihre frühere Position als herrschende Klasse verlieren sollte," beschreibt Lavrov diese Notwendigkeit.[19]

Die Kommune war die erste Arbeiterdemokratie der Welt. Allein ihre Existenz – eingeschlossen von der französischen und der deutschen Bourgeoisie – war ihr größter Verdienst. Die Arbeiterklasse bediente sich dieses Staates, um ihr Leben zu verbessern, es überhaupt erst lebenswert zu machen, dies war nach Marx die eigentliche „große soziale Maßregel der Kommune." Das war der Charakter der Kommune! Sie war nichts weniger als der erste Arbeiterstaat

---

18 Arnould: S. 114
19 Lavrov: S. 115

überhaupt und gerade hierin liegt ihre Bedeutung. Sie war das von der Arbeiterklasse geschaffene Instrument zur Institutionalisierung ihrer Herrschaft und zur Durchführung der sozialen Revolution.

Der Staat und die Kommune

„Aber die Arbeiterklasse kann nicht die fertige Staatsmaschinerie einfach in Besitz nehmen und diese für ihre eigenen Zwecke in Bewegung setzen."
Karl Marx: „Der Bürgerkrieg in Frankreich": S. 71

Nicht erst seit der Existenz der stalinistischen Staaten wird von MarxistInnen die Frage des Charakters des Staates heftig diskutiert. Doch seit der Erfahrung mit den bürokratischen Diktaturen kleiner Funktionärscliquen in der Sowjetunion und Osteuropa ist diese Frage noch weitaus brisanter. Lange vor dieser Zeit demonstrierte die Kommune die grundlegenden Gesetze, nach denen ein demokratischer Arbeiterstaat aufgebaut sein muss.

Schon die KommunardInnen sahen sich einer bürgerlichen Staatsmaschinerie gegenüber, deren Bürokratismus ausufernde Ausmaße annahm. Die Priorität des bürgerlichen Staatsapparates lag 1871 vorrangig darin, die Arbeiterklasse zu unterdrücken, um so die Herrschaft der Bourgeoisie abzusichern. Dies ist bis heute die vordringliche Aufgabe des bürgerlichen Staates geblieben. Die Herrschenden schufen sich mit dem bürgerlichen Staat Gerichte, Polizei, Geheimdienste, Gefängnisse, Armeen und Verwaltungsapparate, die die Erreichung dieses Ziels ermöglichen sollen. Der Staat im Kapitalismus trägt also einen reaktionären Charakter, da er die Herrschaft einer kleinen Minderheit, der Kapitalisten, über die große Mehrheit, die Arbeiterklasse, absichern soll. An dieser Tatsache änderte auch der Sturz des Kaisers Napoleon III. durch die „Septemberrepulik" am 4. September 1870 nichts. Die Formen des Staates mochten sich ändern, sein Charakter blieb erhalten. Mochte sich die französische Staatsmacht statt mit der Krone mit dem allgemeinen und gleichen Wahlrecht schmücken, „[…] in Wirklichkeit aber [blieb] der Staat nichts als eine Maschine zur Unterdrückung einer Klasse durch eine andre, und zwar in der demokratischen Republik nicht minder als in der Monarchie […]," hielt Engels 1891 fest.[20]

Der Arbeiterstaat hingegen hat gänzlich andere Aufgaben: Ihm obliegt es nicht, die Gewinne und die Macht einiger Weniger abzusichern, sondern die demokratische Machtausübung der Mehrheit gegen die ehemaligen Unterdrücker zu verteidigen, diesen die Grundlagen ihrer einstigen gesellschaftlichen Macht zu entreißen. Doch er

---

20 Engels: „Einleitung zu der Bürgerkrieg in Frankreich"

hat auch die Aufgabe, die neue Gesellschaft zu organisieren und eine sozialistische Entwicklung einzuleiten. Bislang wird die Produktion im anarchischen System des Kapitalismus durch den einzelnen Unternehmer organisiert. Der Arbeiterstaat übernimmt diese Aufgabe. Um sie zu lösen, muss er die Fähigkeiten, die Talente, das Wissen und Können jedes Einzelnen in den Dienst der Gesellschaft stellen. „Der proletarische Staat ist die organisierte Arbeiterklasse", schreiben Marx und Engels im „Manifest der Kommunistischen Partei". Dies ist nur dann möglich, wenn die Arbeiterklasse selbst herrscht und nicht von einer Clique beherrscht wird, wenn sie Raum zu breitester Diskussion hat und selbst Beschlüsse fasst, die sie dann selbst umsetzt. Wenn Minderheiten nicht unterdrückt werden und ihre Anliegen nicht nur einfach vortragen dürfen, sondern diese von der Mehrheit auch ernst genommen werden. Kurz: wenn die Herrschaft der Arbeiterklasse tatsächlich, wie Lenin schreibt, die „Demokratie für Arme" ist.

Genau das war die Pariser Kommune. Sie führte einerseits einen – ihr aufgezwungenen – unversöhnlichen Kampf gegen die ehemaligen Unterdrücker und organisierte andererseits das Pariser Proletariat als herrschende Klasse. Die Funktionäre der Pariser Kommune, ob es die gewählten Kommandeure der Nationalgarde, dessen Zentralkomitee, die Stadtteilausschüsse oder der Kommunerat waren, waren jederzeit verpflichtet Rechenschaft gegenüber jedermann abzulegen. Sie verdienten nur einen Arbeiterlohn und lebten daher unter den gleichen Umständen wie jene, deren Interessen sie vertraten. Zudem waren sie jederzeit wähl- und abwählbar. Marx machte dies später in seinem „Bürgerkrieg in Frankreich" zu den wichtigsten Grundprinzipien eines Arbeiterstaates.

Diese drei Grundprinzipien sicherten den Pariser Arbeiterstaat in zweierlei Hinsicht: Gegen den alten Staatsapparat einerseits, der auf diese Weise restlos beseitigt wurde und andererseits gewissermaßen gegen sich selbst. „Die Kommune mußte gleich von vornherein anerkennen, daß die Arbeiterklasse, einmal zur Herrschaft gekommen, nicht fortwirtschaften könne mit der alten Staatsmaschine; daß diese Arbeiterklasse, um nicht ihrer eignen, erst eben eroberten Herrschaft wieder verlustig zu gehn, einerseits alle die alte, bisher gegen sie selbst ausgenutzte Unterdrückungsmaschinerie beseitigen, andrerseits aber sich sichern müsse gegen ihre eignen Abgeordneten und Beamten, indem sie diese, ohne alle Ausnahme, für jederzeit absetzbar erklärte", hielt Engels in seinem Vorwort zum „Bürgerkrieg in Frankreich" fest.[21] Die Zerschlagung der bürgerlichen Un-

---

21 Engels: „Einleitung"

terdrückungsorgane sollte verhindern, dass sich die Unterdrücker um ein bestimmtes Organ sammeln und zum Gegenschlag rüsten könnten. Andererseits sollte gerade die jederzeitige Wähl- und Abwählbarkeit der Abgeordneten der Kommune die Gefahr ausräumen, dass der Arbeiterstaat denselben Weg gehen würde wie alle anderen Staaten bisher. Einen Weg, den Engels mit beklemmenden Worten schildert: „Die Gesellschaft hatte zur Besorgung ihrer gemeinsamen Interessen, ursprünglich durch einfache Arbeitsteilung, sich eigne Organe geschaffen. Aber diese Organe, deren Spitze die Staatsgewalt, hatten sich mit der Zeit, im Dienst ihrer eignen Sonderinteressen, aus Dienern der Gesellschaft zu Herren über dieselbe verwandelt." [22]

Während die bürgerlichen Reaktionäre der ganzen Welt die Pariser Kommune Zeit ihres Bestehens und auch später zum Hort der Tyrannei umdeklarierten, verwirklichte diese ein Maß an Demokratie, das die Menschheit noch nicht gesehen hatte: „Die Polizei, bisher das Werkzeug der Staatsregierung wurde sofort aller ihrer politischen Aufgaben entkleidet und in das verantwortliche und jederzeit absetzbare Werkzeug der Kommune verwandelt. Ebenso die Beamten aller andern Verwaltungszweige." [23] Die Verwaltung war, wie Lissagaray und Lavrov berichten, vornehmlich die Sache der ArbeiterInnen geworden. Selbst die Richter waren in der Pariser Kommune jederzeit wähl- und abwählbar.

Was die Arbeiterklasse, oder Teile von ihr, forderte, wurde in den demokratisch gewählten Organen der Kommune diskutiert und schließlich – wenn diese Forderung eine Mehrheit fand – zum Gesetz. So beschloss man das bereits erwähnte Verbot der Nachtarbeit der Bäcker nach einer Demonstration der Bäckergesellen und mehreren Diskussionen und Abstimmungen im Kommunerat.

Wenn Sebastian Haffner schreibt, die Pariser Kommune sei „[…] eine frei und ordnungsgemäß gewählte demokratische Stadtverordnetenversammlung [gewesen – S.K.] […]. Aber keineswegs eine Diktatur des Proletariats (Engels) oder die endlich entdeckte Form zur Verwirklichung des Sozialismus (Marx)." [24] Vielmehr sei sie ein „[…] demokratisches Stadtparlament, in dem frei debattiert und abgestimmt wurde […]." [25] Dann möchte man ihm mit Engels antworten: „Seht Euch die Pariser Kommune an, das war die Diktatur des Proletariats." Denn das große Maß an Freiheit und Selbstbestim-

22 Engels: „Einleitung"
23 Marx: „Der Bürgerkrieg in Frankreich", S. 74
24 Haffner: S. 34
25 Haffner: S. 36

mung der Arbeiterklasse im Paris zur Zeit der Kommune ist kein Beweis dafür, dass die Pariser Kommune nicht die Diktatur des Proletariats war, wobei der Begriff „Diktatur des Proletariats" nicht als Diktatur im herkömmlichen Sinne verstanden werden darf, sondern als Begriff für eine Arbeiterdemokratie, also die demokratische Herrschaft der Mehrheit. Denn genau darin besteht ja das Wesen einer Arbeiterdemokratie, einer „Demokratie für Arme". Allein damit bleibt die Pariser Kommune die schärfste Anklage gegen die bürgerlich-kapitalistischen Demokratien des Westens, in denen die lohnabhängig Beschäftigten ausgebeutet und politisch entmündigt werden und die stalinistischen Staaten des Ostblocks, in denen die Arbeiterklasse statt zu herrschen, beherrscht und unterdrückt wurde.

Gleichzeitig war das Paris der ArbeiterInnen nicht frei von Fehlern. Einer der entscheidenden Fehler war die Unterrepräsentation der Frauen. Sie hatten der Erhebung vom 18. März zum Sieg verholfen und waren dennoch in den Gremien kaum vertreten. Zu tief saßen die Vorurteile der bürgerlichen Gesellschaft auch in den Köpfen der Revolutionäre.

Zum Anderen war die Existenz einer Vielzahl gewählter zentraler Ausschüsse in Paris zwar durchaus sinnvoll, zugleich aber aufgrund fehlender Kompetenzabgrenzungen auch ein Hindernis. An dieser Erscheinung krankte zunächst auch die junge Sowjetmacht. Allerdings konnte dort eine revolutionäre Partei ein Programm vorlegen und für dieses werben, welches diesem Mangel Abhilfe schaffen konnte. Eine solche Organisation fehlte in Paris, und so kämpfte die Hauptstadt in den entscheidenden Momenten mehr mit den Ausschüssen als gegen den Klassenfeind. Wer hatte die Verteidigung bestimmter Frontabschnitte zu organisieren? Wer regelte die Verteilung beschlagnahmter Wohnungen? Diese Fragen wurden in verschiedenen Situationen ganz verschieden beantwortet. Das Problem war dabei keinesfalls ein „Übermaß an Demokratie", sondern die fehlende Einordnung der jeweiligen Ausschüsse und Komitees in ein Gesamtkonzept.

Es wäre gewiss falsch, die Pariser Kommune als eine frühe Form der Rätedemokratie zu bezeichnen. Allerdings trug der Verfassungsentwurf der KommunardInnen für ein vom Kapitalismus befreites Frankreich Grundzüge der späteren Sowjets schon in sich. Marx fasste diesen Entwurf wie folgt zusammen: „Die Landgemeinden eines jeden Bezirks sollten die gemeinsamen Angelegenheiten durch eine Versammlung von Abgeordneten in der Bezirkshauptstadt verwalten, und diese Bezirksversammlungen dann wieder Abgeordnete zur Nationaldelegation in Paris schicken; die Abgeordneten sollten jederzeit absetzbar und an die bestimmten Instruktionen ihrer Wähler gebunden sein."[26]

Diese Organisation ganz Frankreich vorzuschlagen, war der Pariser Kommune nicht mehr vergönnt. Bevor sie dies konnte wurde sie von der Konterrevolution zerschlagen.

Was bleibt ist die grundlegende Lehre, dass die Arbeiterklasse sich zur Durchsetzung ihrer Interessen nicht des bürgerlichen Staatsapparates bedienen kann. Wie die bürgerliche Klasse bei ihrer Machtergreifung den Feudalstaat zerschlug, muss sie den bürgerlichen Staat abschaffen und durch ihren eigenen, den demokratischen Arbeiterstaat ersetzen. Nicht nur diese Lehre, auch die Form des ersten Arbeiterstaates der Welt stand schließlich Pate für die ersten Jahre nach der Oktoberrevolution.

---

26 Marx: „Der Bürgerkrieg in Frankreich", S.75/76

Paris wird überfallen

Am 18. März hatte Thiers den Bürgerkrieg eröffnet, am 2. April ließ er ihn eskalieren. Entgegen all seinen Friedensversprechungen in diesen zwei Wochen gab er Befehl, einen Pariser Vorort zu überfallen.

Thiers hatte die Zeit genutzt, die ihm die Weigerung des Zentralkomitees nach Versailles zu marschieren gebracht hatte. Er hatte das Heer reorganisiert und frische Truppen aus der Normandie nach Versailles beordert. Die erste Feuerprobe dieser konterrevolutionären Einheiten war der 2. April. Sie bestanden diese „vorbildlich". Zahlenmäßig weit überlegen, metzelten sie die überraschten KommunardInnen nieder.

In der Hauptstadt selbst machte sich Wut und Zorn über das Vorgefallene Luft. Auf den Plätzen strömten ZivilistInnen, Frauen und Männer, Nationalgardisten und selbst Kinder zusammen. In den letzten zwei Wochen waren ihre Rufe nach einem Sturz der Regierung nicht verhallt – gleich welche Order aus dem Stadthaus kam. Jetzt wollten sie endgültig nach Versailles! Doch selbst in dieser Situation hielten sich die Gremien, die die Massen führten, über die die Pariser ArbeiterInnen hätten miteinander in Diskussion treten sollen, wieder bedeckt. Die Exekutivkommission des Kommunerats verfasste zwar eine Proklamation, in der sie zur Verteidigung von Paris aufrief, sie blieb jedoch schweigsam in Bezug auf den von ArbeiterInnen angestrebten Angriff auf Versailles. Der Kommunerat war in seiner Verschwiegenheit zu diesem Thema noch weitaus konsequenter. Während sich zehntausende ArbeiterInnen auf den Marsch nach Versailles vorbereiteten, diskutierte man im Stadthaus über einen Antrag zur Trennung von Kirche und Staat – ein Vorschlag von Felix Pyat – und nahm diesen an. „So verlief der Abend. Von dem Ausfall, von den kriegerischen Rüstungen, die ganz Paris betäubten, wurde im Rath kein Wort gesprochen. Niemand machte den Generälen das Feld streitig", berichtet Lissagaray vom Abend des 2. April.[27]

Der Plan der Generäle war gewagt. Brunel, Rossel und Duval hatten den Oberbefehl über die Nationalgarde von Paris übernommen. Sie wollten Versailles von drei Seiten aus angreifen: Eudes und Duval sollten das Zentrum und den linken Flügel kommandieren. Die

---

27 Lissagaray: S.163

Truppen der rechten Flanke sollten Bergeret und Flourens unterstehen. Alles lief darauf hinaus die feindlichen Truppen an einer langen Front auseinander zu ziehen und im Zentrum durchzubrechen. Der Erfolg lag ohne Zweifel im Bereich des Möglichen, er hing jedoch davon ab, ob man genug PariserInnen mobilisieren könnte und sie mit Gewehren und Artillerie ausgerüstet werden würden. Problematisch hieran war, dass das Unternehmen schlecht, oder besser gar nicht, vorbereitet war. Es fehlte an erfahrenen Kommandeuren, Lebensmitteln für die Truppen, Ambulanzen. Nur eine Handvoll der am 18. März so hart erkämpften Kanonen wurde mitgeführt. Pulverwagen waren ebenso Mangelware wie jede Ausrüstung für eine Übernachtung im Freien, oder zur Befestigung von Stellungen. Selbst Munition für die Gewehre wurde nicht in ausreichendem Maße mitgenommen. Besonders tragisch daran ist, dass es in Paris zu jener Zeit all diese Dinge zu Genüge gab, die Nationalgardisten, zur Revolution übergelaufene Soldaten und Zivilisten, welche nach Versailles marschieren wollten, wurden nur einfach nicht damit ausgerüstet.

Nicht einmal ein Tagesbefehl wurde erlassen. Bevor es nach Versailles ging, warteten tausende kampfwilliger PariserInnen in Nebel und Sprühregen stundenlang auf Anweisungen. „Auf nach Versailles!" war alles was man ihnen sagte. Die Pariser ArbeiterInnen, die schon seit dem 18. März einen Angriff auf Versailles gefordert hatten, verbrachten eine ganze Nacht auf den Straßen und Plätzen, bevor sie am 3. April in aller Frühe abmarschierten. Auch da wieder: Fehler, Unüberlegtheiten. Statt ganz Paris zu mobilisieren marschierte man mit den paar Zehntausend Mann los, die die Nacht hindurch gewartet hatten. Hans Maretzki, der die militärischen Auseinandersetzungen um die Kommune analysierte, geht davon aus, dass gut 100.000 PariserInnen hätten mobilisiert werden können, statt dessen griff man mit nicht mal 50.000 an.[28]

Mit einer derart improvisierten Vorbereitung hätte man am 18., 19., 20., oder 21. März Versailles erstürmen können, doch inzwischen hatten sich die Dinge geändert. Die Truppen, die den Pariser Vorort überfallen hatten und in Versailles stationiert waren, konnten mit den marodierenden Soldaten, die am Tag des Aufstandes von Paris nach Versailles verlegt worden waren, nicht mehr verglichen werden. Sie waren seither gedrillt und durch regierungstreue Truppen wesentlich verstärkt worden.

Die Gefahr war offensichtlich. Sie schrie den kühlen Beobachter selbst in den erhitzten Stunden nach dem Überfall durch die Ver-

---

28 Vgl. Hans Maretzki: „Die KommunardInnen von Paris", S. 69

sailler förmlich an. Das Zentralkomitee der Nationalgarde, welches sich am 18. März nicht hatte entschließen können den Befehl zum Marsch auf Versailles zu geben, tat am 3. April nichts, als dieser Marsch vollkommen unvorbereitet stattfinden sollte. Jetzt hätte es warnen müssen, hätte den Ausfall vorbereiten, ihn planen müssen. Doch die Männer in den Räumen in der Rue Basfroi hüllten sich in unentschlossenes Schweigen. Der Fehler am 18. März, der Fehler am 3. April – beide zusammengenommen besiegelten das Schicksal tausender KommunardInnen. Sie wurden getötet oder gerieten in Gefangenschaft – was nicht selten gleichbedeutend mit dem Tod war.

Genau genommen machte das Zentralkomitee drei Fehler, deren Bedeutung für den Ausgang der Erhebung kaum überschätzt werden kann. Der dritte Fehler hatte einen Namen, er hieß Lullier – seit dem 18. März auf Beschluss des Zentralkomitees Oberkommandierender der Nationalgarde. Als die Pariser Truppen am 3. April abmarschierten, deckte Mont Valérien sie mit verheerendem Geschützfeuer ein. Ausgerechnet jenes Fort, welches sich Lullier am 18. März im Alkoholrausch geweigert hatte zu besetzen, brachte nun Tod und Verderben über die bewusstesten KommunardInnen. Sie ließen sich davon nicht aufhalten und formierten sich nach den Einschlägen in ihre ungeschützten Reihen neu.

Doch nachdem sie aus der Reichweite der Geschütze des Mont Valérien heraus waren, begann erst das eigentliche Verhängnis. Es lag ganz sicher nicht an fehlendem persönlichem Einsatz oder Mut. Viel mehr traf die schlechte Vorbereitung auf eine völlig veränderte Situation.

Duvals linke Flanke bekam dies besonders hart zu spüren. Sie stieß bis an die Stadtgrenze von Versailles vor. Dort hätten sie Artillerie benötigt. „Einige Haubitzen hätten genügt, um den Feind zu vertreiben", erinnert sich Lissagaray.[29] Doch nichts davon war da. Die Kanonen standen unbenutzt auf verschiedenen Pariser Plätzen. Duval hatte kaum noch Patronen. Hätte er zwei Wochen früher dort gestanden, wäre er selbst so schlecht ausgerüstet wohl siegreich gewesen. Jetzt blieb ihm nur der Rückzug auf die Höhe von Chatillon, wo er sich, mit seinen Leuten eingekesselt, eine Nacht lang halten konnte. Ohne Munition, Proviant und Verbandszeug musste er am frühen Morgen kapitulieren.

Die Regierungstruppen kannten kein Erbarmen. Ihr Kommandeur, der am 18. März aus Paris geflohene Vinoy, fragte die gefangenen Nationalgardisten nach ihren Anführern. Als sich Duval zu erken-

---

29 Lissagaray: S. 165

nen gab, wurde er sofort erschossen. Ähnlich erging es jenen Regierungssoldaten, die sich in den ersten Tagen der Pariser Erhebung der Revolution angeschlossen hatten. An ihren Uniformen waren sie leicht zu erkennen. Keiner von ihnen sollte überleben!

Auch die nördliche Flanke der angreifenden Pariser Truppen wurde komplett aufgerieben. Der Anführer der Scharfschützen vom Belleville, Gustave Flourens geriet am 4. April mit seinen abgekämpften Truppen in Gefangenschaft. Ohne Rücksicht für sein eigenes Leben protestierte er gegen die skandalöse Behandlung seiner Männer durch die Versailler. Sie erschlugen und misshandelten zahlreiche KommunardInnen. Als sich Flourens schließlich an einen Versailler Kavallerieoffizier wandte, wurde er von diesem mit einem Säbel erschlagen.

Lavrov, der die Pariser Kommune miterlebte und bis heute wohl der beste Chronist der Ereignisse in der französischen Hauptstadt ist, resümierte die Kämpfe vom 3. und 4. April mit den Worten: „Das Ergebnis dieses Ausfalls ist nur allzu bekannt. Flourens und Duval kamen um. Der Mont Valérien, auf dessen Neutralität man seine Hoffnungen gesetzt hatte, zerschlug die Kolonne der Aufständischen. Alle Abteilungen kamen zerrüttet, demoralisiert und mit großen Verlusten nach Paris zurück. Dieser Misserfolg zerstörte den ersten Enthusiasmus und den Glauben an die Anführer und war ein entscheidender Schlag für die ganze Bewegung. Man konnte sagen, dass das Schicksal von Paris in diesem Augenblick besiegelt war."[30]

30 Lavrov: S. 85

Das Militär und die Kommune

„Trotz der vortrefflichen Kampfeseigenschaften der Pariser Arbeiter war das militärische Schicksal der Kommune von vornherein als hoffnungslos vorausbestimmt [...]."

Leo Trotzki: „Terrorismus und Kommunismus", S.83

Trotz der Ereignisse vom 2., 3. und 4. April waren die Versailler nicht in der Lage, Paris in einer militärischen Operation zu erobern. Der Widerstand der Föderierten war hierfür bei Weitem zu stark, obwohl sich nach den Verlusten der ersten Apriltage das Kräfteverhältnis zu Gunsten der Versailler geändert hatte. Deren Gegenangriffe vom 4. April wurden an allen Fronten gestoppt. Im Pariser Westen, Norden und Süden lagen die KommunardInnen unter schwerem Beschuss. Tag und Nacht kämpften sie gegen einen mächtiger werdenden Feind. Zwischen Versailles und Paris gab es spätestens seit Anfang April keinen Tag Frieden mehr. Revolutionäre Truppen gruben sich im Dunkel der Nacht an die feindlichen Schützengräben heran und überfielen sie, wurden zurückgeschlagen und attackierten den sehr viel besser ausgerüsteten Feind von Neuem.

Der heroische Kampf der KommunardInnen blieb dennoch aussichtslos. Der Bürgerkrieg zwischen Bourgeoisie und Proletariat war seit jeher ein ungleicher Kampf und kann von Natur aus auch nichts Anderes als ein ungleicher Kampf sein. Die Bourgeoisie monopolisiert alle Herrschaftsmittel einer Gesellschaft in ihrer Hand: Polizei, Armee, Technik, Offizierskorps. Der Staat hat das Gewaltmonopol. Wer dagegen aufsteht ist, selbst wenn er die Mehrheit der Bevölkerung hinter sich weiß, immer im Nachteil. Der Bürgerkrieg der Ausgebeuteten gegen die Ausbeuter kann nicht militärisch entschieden werden. Ein solcher Kampf muss immer unter politischen Gesichtspunkten geführt und kann nur unter Berücksichtigung derselben gewonnen werden. Dort wo revolutionäre Armeen als soziale Befreier auftraten, dort siegten sie. Das Paradebeispiel ist die Rote Armee in Sowjetrussland kurz nach der Revolution. Dort wo sie das versäumten, beispielsweise in Spanien durch den Einfluss der Stalinisten, konnten sie den Krieg nicht gewinnen.

Der Verzicht, die Regierung in Versailles zu stürzen und die kapitalistischen Eigentumsverhältnisse durch sozialistische zu ersetzen, verhinderte quasi schon am ersten Tag den Sieg des Aufstandes.

Erschwerend wirkten sich zahlreiche fatale Fehlentscheidungen bezüglich der militärischen Organisation aus. „Eine kampffähige Armee braucht vor allem einen zentralisierten und genauen Verwaltungsapparat. Davon war bei der Kommune keine Rede", stellt Trotzki fest.[31] Der ständige Wechsel im Oberkommando der Nationalgarde wurde in seinen höchst problematischen Auswirkungen nur noch übertroffen durch die unablässigen Kompetenzstreitigkeiten.

Es ist heute schwer, die Personalpolitik der Kommune in Bezug auf die Auswahl ihrer militärischen Kader nachzuvollziehen. An überzeugten Revolutionären mit Kriegserfahrung mangelte es jedenfalls nicht. Dennoch wählte das Zentralkomitee der Nationalgarde beziehungsweise der Rat der Kommune oft zweifelhafte Gestalten. Zuerst war da Lullier, der den 18. März laut Augenzeugenberichten schwer betrunken zubrachte und infolge dessen als Oberhaupt der revolutionären Armee von Paris Befehle erließ, die man fast nur noch als Sabotage bezeichnen konnte. Die von den Versaillern aufgegebenen Forts ließ er nicht besetzen, inklusive des Mont Valérien, dessen konterrevolutionäre Besatzung eine so verhängnisvolle Rolle am 3. April spielen sollte. Lulliers offenkundige Unfähigkeit wurde schnell offenbar, weshalb man ihn am 24. März ersetzte. Bergeret und Eudes, die nun für gut eine Woche das Kommando der Nationalgarde führten, zeigten mit den mangelnden Vorbereitungen des Ausfalls vom 3. und 4. April ihre geringen militärischen Kompetenzen. Der Rat der Kommune übertrug den Oberbefehl Gustave Cluseret, von dem Karl Marx in einem Brief an Friedrich Engels schrieb, er sei ein „lausiger, zudringlicher, eitler und ehrsüchtiger Schwätzer" – und er sollte damit Recht behalten. Noch 1848 hatte er Truppen gegen die Revolution geführt und 1856 am Krimkrieg teilgenommen. Unter Napoleon III. hochdekoriert, kämpfte er im US-amerikanischen Bürgerkrieg und in Irland. Er näherte sich einigen Standpunkten der IAA an, was ihn wohl für die Kommune als Oberbefehlshaber der Pariser Truppen geeignet erscheinen ließ. Doch neben Marx hegten auch andere Zeitgenossen schwere Zweifel an Cluserets ehrlichen Absichten. In Anspielung auf den häufigen Uniformwechsel stellte Lepelletier fest: „Man könnte nicht mit Sicherheit sagen, dass er auch seine Meinungen wechselte, weil er eine solche nie gehabt hat, am allerwenigsten eine persönliche."

Cluseret wurde in den Reihen der Nationalgarde bald aufgrund seiner Geringschätzigkeit für „einfache" Nationalgardisten unbeliebt.

---

31 Trotzki: „Terrorismus und Kommunismus": S. 83

Er war ein Offizier, der durch und durch vom Geist der bürgerlichen Armee erfüllt war und forderte Kadavergehorsam. Seine Art Disziplin herzustellen, glich der der Armee von Napoleon III. und hatte wenig mit revolutionärer Methodik gemein.

Auch das Zentralkomitee der Nationalgarde und das Kommuneparlament waren wenig erfreut über Cluserets Art die revolutionären Truppen zu führen, zumal als er den Abbau der Barrikaden in Paris befahl und mit einer deutschen Gesandtschaft verhandelte mit dem erklärten Ziel, die Feindseligkeiten zwischen der Kommune von Paris und der imperialistischen deutschen Armee einzustellen. Damit hatte er jedoch den Bogen bei Weitem überspannt Zahlreiche Nationalgardisten verlangten seine Abberufung, dieser Forderung entsprachen das Zentralkomitee und der Rat der Kommune. Allerdings nur, um sich gleich den nächsten Abenteurer ins Boot zu holen. Sein Name war Louis Rossel, er war Generalstabschef der Nationalgarde. „Der junge, revolutionäre Officier kam allmählich in die Mode und seine consularische Haltung gefiel dem Publikum, das sich von Cluserets Schlaffheit angeekelt fühlte", berichtet Lissagaray über Rossel. „Dieses Vorurteil war jedoch durch nichts gerechtfertigt. Seit dem 5. April mit der Leitung des Generalstabs betraut, ließ er Alles im Argen." [32] Der 28jährige Rossel versprach der Kommune das Blaue vom Himmel. Ungeachtet der Lage versprach er, Paris zur uneinnehmbaren Festung auszubauen und ließ die Barrikaden in den Straßen der Hauptstadt von Neuem errichten. Ein strategisches Verteidigungskonzept fehlte auch ihm. Rossel gefiel sich beim Fällen rein administrativer Beschlüsse, er führte sinnlose Verhandlungen mit den Versaillern über die Herausgabe einzelner Forts um Paris, die sich in den Händen der Föderierten befanden. Seine völlige Hilflosigkeit wurde nur durch seine politische Verwirrung übertroffen.

Auch Rossel war nicht der letzte Oberbefehlshaber der revolutionären Truppen von Paris. Seit dem 10. Mai folgte ihm der vielleicht fähigste Mann an der Spitze der Nationalgarde. Der alternde Charles Delescluze übernahm die Leitung der Truppe. Er fiel am 25. Mai auf den Barrikaden von Paris.

Warum die Kommune eine derart verhängnisvolle Personalpolitik gerade in einem so sensiblen Bereich an den Tag legte, ist zunächst einmal unverständlich. Insbesondere wenn man bedenkt, dass die Kommune über ehrliche, erfahrene und eindeutig revolutionär gesinnte Kämpfer verfügte, wie Paul-Antoine Brunel – der den Aufstand in den Abendstunden des 18. März maßgeblich leitete, wäh-

---

32 Lissagaray: S. 216

rend vom Großteil des Zentralkomitees der Nationalgarde nichts zu sehen war – oder den gebürtigen Polen Jaroslaw Dombrowski, der 1863 an einem Aufstand gegen die zaristische Unterdrückung seiner Heimat teilnahm und in den Tagen der Kommune andere polnische Flüchtlinge zum Kampf an der Seite der Pariser ArbeiterInnen mobilisierte. Bei genauerem Hinsehen ist auch dies Teil einer Politik des Zentralkomitees, die stets in den falschen Momenten sehr mutig war. Im Kampf um die Macht mit dem Kommunerat, dem es doch eigentlich alle Macht ausliefern wollte, traute es sich immer wieder viel zu viel. So entspann sich schon bald ein unfruchtbares Gerangel. „Am 3. Mai sandte das Zentralkomitee eine Deputation in die Kommune und verlangte für sich die Verwaltung des Kriegsministeriums"; schildert Trotzki einen der ungezählten Vorfälle, in denen es um nichts Geringeres ging als die Frage, wer wen kontrolliert[33]. Lissagaray merkt in seinem ausführlichen Bericht über die Kommune an, dass sich mit diesem Vorfall zum wiederholten Male ganz offen die Frage stellte, „ob das Zentralkomitee aufzulösen oder zu verhaften oder ob ihm die Verwaltung des Kriegsministeriums zu überlassen sei."

Diese Machtkämpfe spülten nicht selten anstatt überzeugter Revolutionäre fragwürdige Gestalten an die Spitze wichtiger Posten, denn in diesen Auseinandersetzungen wurde nicht danach gefragt, wer am besten der Revolution, sondern wer der jeweiligen Institution am besten in ihrem Bestreben um Einfluss dienen würde.

Die Pariser ArbeiterInnen wussten in ihrer Mehrzahl, dass ihre Zukunft mit dem Ausgang der Erhebung in der Hauptstadt verbunden war, folglich waren sie über diese Zustände entrüstet. Sie sprachen vom „Wahnsinn der Ausschüsse", der darin seinen verhängnisvollen Ausdruck fand, dass selbst in den bedeutenden Tagen der Maikämpfe um Paris oftmals unklar war, ob bestimmte Truppenteile dem Munizipalrat, dem Zentralkomitee oder einem der Stadtteilausschüsse unterstanden, was dazu führte, dass sie oftmals vollkommen autonom agierten, was ihre Effektivität erheblich verringerte. Als sich schließlich auch noch ein Artilleriekomitee zu Wort meldete, das Anspruch auf den Oberbefehl über alle Artillerieeinheiten anmeldete, war die Konfusion perfekt. Während die Pariser Nationalgardisten, die übergelaufenen Soldaten und Freiwilligen aus der Arbeiterklasse vorbildlich, ja heroisch ihren Dienst versahen, stritten sich zahlreiche Gremien um ihre Aufgabenbereiche, ohne die dringendsten Tätigkeiten auszuführen. In den knapp zehn Wochen der Kommune ist es dem Artilleriekomitee nicht gelungen festzu-

---

33 Trotzki: „Terrorismus und Kommunismus", S. 76

stellen, wie viele Kanonen sich in den Händen der Revolutionäre befanden. Zahlreiche Stellungen vor Paris, aber auch viele Barrikaden in der Stadt wurden folglich nicht mit Kanonen oder Mitrailleusen ausgestattet. Es gelang nie, die wenigen erfahrenen Artilleristen auf die verschiedenen Stellungen zu verteilen und wo Kanonen waren, fehlte nicht selten die Munition oder das Pulver.

Lissagaray stellte fest, dass das Militärwesen verglichen mit all den herausragenden Leistungen der Kommune „[…] eine dunkle Kammer, worin alle aneinanderstießen […]" gewesen sei.[34] Dass die revolutionären Pariser Massen trotz jener hausgemachten Schwierigkeiten bis zuletzt heldenhaft fochten, gehört zu den großen Wundern der „großen 72 Tage" Dennoch blieb das Wirrwarr an der Spitze der revolutionären militärischen Kräfte nicht ohne Auswirkungen, wie Lavrov zu berichten weiß: „Einige Bataillone blieben 20 bis 30 Tage in den Laufgräben, während andere beständig in der Reserve gehalten wurden. .[…] Diese Sorglosigkeit tötete bald jede Disziplin."[35] All das ist umso tragischer, als Lissagaray feststellt, dass „eine feste und zugleich geschmeidige Hand […] schnell den Einklang hergestellt […]" hätte.[36] Doch diese Hand fehlte in so vielen Belangen den vor Mut und revolutionärer Tatkraft strotzenden Pariser ArbeiterInnen.

Der vielleicht größte Fehler der Kommune in militärischen Fragen war allerdings kein organisatorischer, sondern ein, wenn man so will, ideologischer. Erst in den letzten Tagen der Kommune ließen die Männer Frauen an die Waffen. Gerade die Frauen standen am vielleicht stärksten zur Kommune von Paris, da diese ihnen die Hoffnung auf die Befreiung aus so vielen Arten der Unterdrückung bescherte. Sie kämpften heldenhaft, ja furchtlos auf den Barrikaden. Sie gute neun Wochen vom Dienst an der Waffe auszuschließen ist nur durch patriarchische Denkweisen auch bei zahlreichen Revolutionären zu erklären.

Die in diesem Kapitel geschilderten Fehlentwicklungen sind nichts Ungewöhnliches in Revolutionen, die nicht nach einem fertigen Muster ablaufen, das man vorher quasi am Reißbrett ausarbeitet. Revolutionen sind immer unausgegoren und unüberlegt. Auch die junge Sowjetmacht hatte mit Kompetenzstreitigkeiten zu kämpfen und mit einem fehlenden Zusammenwirken der einzelnen Räte. Teilweise erhoben diese sogar eigene Steuern. Der Unterschied zwischen dem revolutionären Paris und dem revolutionären Russland

---

34 Lissagaray: S. 214
35 Lavrov: S. 100
36 Lissagaray: S. 214

war, dass die französische Sektion der IAA auf die Revolution weit weniger vorbereitet war als es die Bolschewiki waren. Sie konnten auf den reichen Erfahrungsschatz der Pariser Erhebung zurückgreifen, sie gaben sich alle Mühe die Fehler von 1871 1917 nicht zu wiederholen. Die Bolschewiki strukturierten und vernetzten die einzelnen Räte, legten Kompetenzen fest und ermöglichten so überhaupt erst, dass die Arbeiterklasse ihre Macht so effizient wie unter den schwierigen Bedingungen Russlands nur irgend möglich ausübte.

Mag die militärische Organisation der Kommune auch haarsträubend gewesen sein, in so vielen anderen Belangen waren die KommunardInnen weltweite VorreiterInnen.

Die Maßnahmen der Kommune

„Arbeiter täuscht Euch nicht, dies ist die große Schlacht; das Schmarotzertum und die Arbeit, die Ausbeutung und die Produktion sind miteinander handgemein geworden. Wenn Ihr es müde seid, in Ungewissheit dahinzuvegetieren und im Elend zu verkommen; wenn Ihr wollt, dass Eure Kinder Menschen seien, die aus ihrer Arbeit Nutzen ziehen und nicht eine Art besonders dressierter Tiere für die Fabrik oder den Kampf [...]; wenn Ihr schließlich wollt, dass die Gerechtigkeit herrsche, dann, Arbeiter, seid klug , erhebt Euch und schleudert mit kräftigen Händen die Reaktion zu Boden.“

aus einem Aufruf des Zentralkomitees der Nationalgarde, 5.April 1871

Als Adolphe Thiers bei seiner überstürzten Flucht aus Paris am 18. März versuchte die Verwaltung der Hauptstadt durch die Verlegung des Beamtenapparates nach Versailles lahm zu legen, hoffte er, dass die Pariser RevolutionärInnen sich als unfähig erweisen würden das Leben in der Stadt zu organisieren. Er hoffte auf den Zusammenbruch der Versorgung, auf Hunger und Seuchen. Thiers offenbarte mit diesen Maßnahmen, was für ein Mensch er war. Seine Wut und sein Toben kannten, laut der Schilderung vieler Zeitgenossen, keine Grenzen, als er feststellen musste, dass er sich gründlich getäuscht hatte. Die Stadt brach nicht zusammen!

Im Gegenteil: Bis heute gibt es nur wenige Parlamente, nur wenige Institutionen, die sich rühmen könnten im Interesse der Mehrheit der Bevölkerung, der Armen und Unterdrückten regiert zu haben. Die Munizipalvertretung von Paris in den 72 Tagen vom März bis Mai bildet da eine der wenigen Ausnahmen. Ausgerechnet die Zeit, in der die „legale" Regierung Frankreichs nicht in der Lage war die Hauptstadt auch nur zu betreten, war jene Zeit, in der es den Armen und den ArbeiterInnen der Stadt besser ging als je zuvor und für lange Zeit danach. Die Kommune erließ eine riesige Zahl von Dekreten zur Behebung der schlimmsten Not. Sie war dabei auch bei Weitem erfolgreicher als die kaiserliche Regierung oder die Regierung Thiers. Dies muss besonders in Anbetracht der Tatsache überraschen, dass sich Paris in stetem Kriegszustand befand, unverständlicherweise die Bank nicht verstaatlichte, riesigen Problemen gegenüberstand und sich auf keinen Erfahrungsschatz – nicht mal einen erfahrenen Beamtenapparat – stützen konnte. Die Kommune war etwas Neues, etwas radikal Anderes und genau das wollte sie sein. Sie hatte das ehrliche Bestreben, den Menschen nützlich zu sein und mit ihnen gemeinsam ein besseres Leben aufzubauen.

Noch vor der Wahl des Kommunerats erließ das Zentralkomitee der Nationalgarde ein erstes Dekret, welches sich sozialen Fragen widmete. Wie jedes weitere Dekret der Kommune begann es mit den Worten „in Erwägung…" Diese Worte waren nicht einfach so dahin gesagt. Die Kommune wägte ab, diskutierte, überlegte und traf Entscheidungen, die den Pariser ArbeiterInnen nicht selten das nackte Überleben sicherten.

„In Erwägung, dass der Belagerungszustand das industrielle und kommerzielle Leben der Nation ins Stocken gebracht und die Hilfsmittel des Handwerkers, des Kaufmannes und des Arbeiters völlig erschöpft hat, während das hinreichend mächtige Kapital nur eine vorübergehende Einbuße an Zinsen erleidet […] verordnet das Zentralkomitee […]" die Verteilung von einer Million Francs gerade in den Armenvierteln von Paris. Geld, das die Kommune aus Einsparungen gewann. Die Kommune sparte! Aber nicht wie heute bei den Armen, den ArbeiterInnen, den RenterInnen, die Kommune sparte bei den Bezügen der Abgeordneten, an den Gehältern, die die Bürgermeister, die Richter erhielten. Sie sparte nicht zuletzt auch deshalb Geld, weil sie die Verwaltung der Hauptstadt effektiver gestaltete, als es das Kaiserreich oder die Septemberrepublik jemals gekonnt haben.

In dem gleichen Dekret wurden, neben weiteren Bestimmungen, Mietschulden erlassen. Fast alle Arbeiterhaushalte hatten Mietschulden, insbesondere nach der harten Zeit des deutsch-französischen Krieges. Die unsagbare Not brachte zahlreiche Arbeiterhaushalte auch dazu, Teile ihres Eigentums an Pfandleiher zu geben, die in diesen Monaten riesige Gewinne scheffelten. „In Erwägung" dessen entschied die Kommune, dass alle verpfändeten Gegenstände, deren Wert 15 Francs nicht übersteigen dürfe, ohne finanziellen Ersatz an die Besitzer zurückzugeben seien.

Allein schon dieses, später vom frisch gewählten Kommunerat bestätigte Dekret, sorgte für Begeisterung unter den Armen in Paris. Elie Reclus hielt am 2.April in seinem Tagebuch fest: „Die zu neunzehn Zwanzigstel aus Mietern bestehende Bevölkerung von Paris ist begeistert von diesem ersten, so klaren, einfachen und radikalen Dekret. Kein Verstand, und wäre er noch so stumpf, der das nicht verstünde; keine Hintertür für Haarspalterei und Ausflüchte! Die Kommune spricht: 'Da die Mieter nicht zahlen können, werden sie nicht zahlen. Die Nationalversammlung häufte dagegen in Bordeaux Palaver auf Palaver und Entwurf auf Entwurf, um das Problem schließlich auf ihre Weise zu lösen: Leute, die nicht zahlen können, sind dennoch zum Zahlen zu zwingen.'"[37]

Wer den Reichen nichts nimmt, kann den Armen nichts geben, diese einfache, klare und unumstößliche Feststellung spricht aus beinahe jedem Dekret der Pariser Kommune. Ob es der Erlass der Mietschulden, oder die Übertragung aller militärischen Gewalt auf die Nationalgarde war. Das eine Dekret greift die Gewinne der Vermieter an, das andere entzieht den Herrschenden die Kontrolle über ihre Machtmittel.

Dennoch schien die Kommune stets ehrfürchtig vor dem privaten Eigentum an Produktionsmitteln. Darüber verfiel das Pariser Munizipalparlament häufig in harte Debatten, aber den wenigen an den Ideen von Karl Marx orientierten Sozialisten gelang es nicht, sich durchzusetzen. Ob die Revolutionäre in Paris den Weg der Enteignungen beschritten wären, wenn sie mehr Zeit gehabt hätten, ist schwer zu sagen. Vieles spricht allerdings dafür. Eine Revolution ist nichts Statisches, sie braucht nicht selten den Konflikt mit der Konterrevolution. Auch die Pariser Kommune bildete da keine Ausnahme. Verordnete das erste Dekret zur Wohnungsfrage noch die Streichung der Mietschulden, geht das zweite unter dem Eindruck des Beschusses der Stadt durch die Versailler und die daraus resultierende Wohnungsnot viel weiter. Erstmals „[…] stößt die Kommune […] tief in das heilige Reich des kapitalistischen Privateigentums vor, nämlich bis hart an die Enteignung", urteilt Jean Villain.[38] Den Opfern des Beschusses durch die Versailler wurden die Wohnungen zugewiesen, die die reichen Pariser leer zurückließen, als sie nach dem 18. März Paris Hals über Kopf verließen.

Nicht nur dieses Dekret zeigt, dass das kapitalistische Eigentum wohl gefallen wäre, wenn die Kommune nur die Zeit gehabt hätte, dieses Eigentum abzuschaffen. Die Kommune plante von ihren Besitzern zurückgelassene und stillgelegte Handwerksbetriebe an Arbeitergenossenschaften zu übergeben, also zu enteignen. Sie legte Mindestlöhne fest und vergab öffentliche Aufträge ausnahmslos an Betriebe, die in der Hand der ArbeiterInnen waren. Unternehmer durften keine Geldstrafen mehr gegenüber ihren Angestellten verhängen. Dieses Instrument kam regelmäßig zur Anwendung, obwohl keinerlei Verfehlungen der ArbeiterInnen vorlagen. Auf diese Weise sparten Unternehmer Lohnkosten ein. Mit diesen verdeckten

---

37 zit. nach Jean Villain: „Die großen 72 Tage", S. 179
38 Villain: „Die großen 72 Tage", S.179f.

Lohnkürzungen war es nun vorbei.

Immer wieder bewies die Kommune, auf welcher Seite sie in der Auseinandersetzung zwischen Kapital und Arbeit stand. Dabei waren ihre Dekrete nie übers Knie gebrochen, wurden nie aus dem Bauch heraus geschrieben. Die Abgeordneten des Kommunerats beschäftigten sich ernsthaft und gründlich mit den an sie herangetragenen Themen. Dekrete wurden stets erst dann beschlossen, wenn mit den Betroffenen diskutiert worden war. In den 72 Tagen der Kommune existierten in der Stadt an der Seine fünfzig nach Berufen gegliederte Syndikatskammern, sieben Konsumvereine und vier Kooperativrestaurants, darüber hinaus 43 Arbeiterproduktionskooperativen. Sie alle wurden in die Erarbeitung von Dekreten ebenso einbezogen wie die Stadtteilausschüsse und die verschiedenen politischen Gruppen. Extra hierfür bildete die Kommune auf Vorschlag der Abgeordneten der Internationalen Arbeiterassoziation einen Ausschuss, der diese Diskussionen führen und dann Dekrete entwerfen und dem Stadtparlament vorlegen sollte. Trotz der ungeheuren Zahl an Absprachen und manchmal auch heftigen Diskussionen, zu denen dies führte, traf die Kommune sehr viel schneller Entscheidungen als der schwerfällige und an den Interessen der Kapitalisten ausgerichtete bürgerliche Staat. Die Kommune bewies in den zehn Wochen ihres Bestehens, dass ein Arbeiterstaat keinesfalls bürokratisch arbeiten musste.

Das Dekret über das Verbot der Nachtarbeit der Bäcker beispielsweise war ein Ergebnis einer längeren Debatte mit den Bäckergesellen und deren Meistern. Die Bäckergesellen kamen immer wieder auf die Kommune zu, organisierten Demonstrationen und verhandelten mit den Abgeordneten des Stadtparlaments. Die Arbeiterklasse herrschte in Paris, sie machte die Gesetze und gestaltete so selbst ihr Leben.

Hinzu kam ein einzigartiges Gespür der KommunardInnen für praktische Probleme: Auf den Bürgermeistereien der einzelnen Stadtteile legte man Listen aus, in die sich Arbeitssuchende eintragen konnten. Die Pariser Revolution versuchte erstmals organisiert Qualifikationen zu erfassen, um die Arbeitslosigkeit zu senken.

Die Umsicht, die Sachkenntnis der Abgeordneten, aber auch großer Teile der Pariser Bevölkerung müssen überraschen, wenn man bedenkt, wie wenig sie bis dahin ihre Geschicke selbst bestimmen durften, wie wenig Erfahrung man ihnen erlaubt hatte anzuhäufen. Plötzlich mussten sich Menschen Aufgaben stellen, die sie noch nie zuvor bewältigen mussten. Sie hatten die Aufgabe die Versorgung einer Großstadt sicherzustellen und die dringendsten sozialen Probleme zu lösen und sie stellten sich dem mit Bravour. Selbst bürgerliche Journalisten, die in Paris weilten, um für ausländische Zeitungen zu berichten, äußerten sich regelmäßig erstaunt über die Virtuosität, mit der sich die KommunardInnen dem riesigen Wust an Schwierigkeiten stellten. Dies ist vielleicht die mit Abstand bedeutendste Erfahrung der Kommune. Sie zeigt uns bis heute, dass es einer politisch erfahrenen „Kaste" ebenso wenig bedarf wie den Unternehmern, um eine Gesellschaft erfolgreich aufzubauen.

Die KommunardInnen wiesen in vielfältiger Weise in die Zukunft. Nicht wenige ihrer Beschlüsse warfen Fragen auf, denen man sich nach der Niederwerfung der KommunardInnen über Jahrzehnte nicht mehr stellte, teilweise bis heute nicht. Insofern ist die Kommune bis in die Gegenwart noch immer eine Gesellschaft für die Zukunft. Erstmals stellten die KommunardInnen verschiedene Beziehungsformen formal gleich. Die Ehefrauen und ehelichen Kinder im Kampf gefallener KommunardInnen hatten ebenso Anspruch auf die Versorgung durch die Kommune wie uneheliche Kinder und Frauen. Arthur Arnould schrieb darüber später dies sei „[...] eine der größten Dreistigkeiten der Kommune [...]", wurde doch das Herzstück bürgerlicher Moral, die Ehe, ihrer Monopolstellung beraubt. Der Sprengstoff, den dieses Dekret enthielt, kann nur vor dem Hintergrund der in Frankreich zu dieser Zeit öffentlich vorherrschenden, besonders prüden Moralvorstellungen verstanden werden. „Bei der in Frankreich üblichen Auffassung dieses Problems verdient dieses Dekret in der Tat größte Beachtung", stellt Lavrov fest.[39]

Auf Verlangen der Pariser ArbeiterInnen stellte das Stadtparlament Männer und Frauen gleich: Ihre Arbeitsbedingungen und Löhne und Gehälter wurden per Dekret angeglichen. Damit gelang der Kommune von Paris etwas, was dem Kapitalismus in den Jahrhunderten seines Bestehens nicht gelungen ist. Bis heute verdienen Frauen weltweit im Schnitt weniger als die Männer. In der Europäischen Union liegen die geschlechtsspezifischen Gehalts- und Lohnunterschiede bei 25 Prozent!

Mit einem weiteren Dekret griff die Kommune die Existenz des bürgerlichen Staates an. Formal tat sie nichts anderes als eine Obergrenze für die Besoldung der Beamten festzulegen. So dekretierte der Kommunerat am 2. April: „In Erwägung, dass es in einer wirklich demokratischen Republik weder Sinekuren noch übertriebene Gehälter geben darf, ordnet die Pariser Kommune an: Das Höchstgehalt der Angestellten in den verschiedenen Kommunalverwaltun-

---

39 Lavrov: S. 148

gen wird auf 6000 Francs jährlich festgesetzt."[40] Damit standen die Bediensteten der Kommune zwar vergleichsweise gut da, allerdings stellte Arthur Arnould korrekter Weise fest, dass in der Republik, genauso wie in der Monarchie Beamte mit ähnlichen Aufgabenbereichen zwischen 120.000 und 400.000 Francs im Jahr verdienten. Hingegen entsprach das Gehalt der Kommunebeamten in etwa dem eines gut qualifizierten Pariser Arbeiters.

Die Pariser ArbeiterInnen waren begeistert über diesen Schritt der Kommune. Endlich war da eine staatliche Körperschaft, die ihre Macht nicht dazu nutzte, noch mehr Geld in die Brieftaschen ihrer Angestellten zu spülen. Der Rat der Kommune war schlicht und ergreifend anders, denn während sie sich selbst verstärkte Sparsamkeit auferlegte, verdoppelte sie die Gehälter der LehrerInnen. Gleichzeitig machte dieses Dekret endgültig klar, wo die Kommune stand und rief unvermeidlich die Vertreter des alten Regimes auf den Plan. Elie Reclus notierte in sein Tagebuch: „Die ganze Korona der Ausbeuter wird sich nunmehr zu einer soliden Liga verbünden und in geschlossener Front zum Sturmangriff auf die arme Kommune ansetzen. Das wird ein Kampf aufs Messer, um Leben und Tod sein." Und daher fürchtete sich Elie Reclus, und nicht nur er, vor den Reaktionen der Konterrevolution. „Wie könnte ein Herr Thiers", hielt Reclus fest, „der sich ein bisschen Arbeit als Präsident der Exekutive mit der Kleinigkeit von nur 500.000 Francs pro Jahr honorieren lässt und der es auf diese Weise bereits zum mehrfachen Millionär gebracht hat – wie könnte dieser Herr Thiers da aus freien Stücken seinen Frieden machen mit der Kommune, die ihm lediglich 500 Francs pro Monat ließe?" „Im Ernst, dieses Gesetz der Kommune erschreckt mich. Bedeutet es doch nicht mehr und nicht weniger, als dass man sich entschlossen hat, mit der Ausplünderung des Staates, mit den großen Dieben, Piraten und Freibeutern kurzen Prozess zu machen."

In den 72 Tagen ihrer Existenz bewies die Kommune weit mehr Fingerspitzengefühl im Umgang mit praktischen Fragen als alle bürgerlichen Parlamente zusammen. Und dennoch hatte sie, trotz aller Fehler, genug Bewusstsein über ihre eigene historische Rolle, als dass sie ihre Dekrete an den Erfordernissen der sozialen Zukunftsrepublik ausrichtete. Sie malte mit ihren Gesetzen das Bild einer anderen Welt, einer Welt in der die Menschen frei von materieller Not ihr Leben gemeinsam demokratisch gestalten. Eine Welt, in der „[...] die freie Entwicklung eines jeden die Bedingung für die

---

40 zit. nach: Villain: „Die großen 72 Tage", S. 186

freie Entwicklung aller ist."[41] Das war es, was Marx meinte, als er im „Bürgerkrieg in Frankreich" schrieb: „Die große soziale Maßregel der Kommune war ihr eigenes arbeitendes Dasein. Ihre besonderen Maßregeln konnten nur die Richtung andeuten, in der eine Regierung des Volks durch das Volk sich bewegt."[42]

Bei der Reorganisation der Verwaltung, beim Aufrechterhalten der Versorgung der Hauptstadt und beim Aufbau einer neuen sozialen Verfasstheit von Paris waren die KommunardInnen derart erfolgreich, dass schon am 20.März der Versailler Spion Domalin voller Angst nach Versailles meldete: „Hier werden die öffentlichen Dienste mit großem Ernst reorganisiert. Sollten sich derartige Bewegungen durch irgendein Unglück auch irgendwo in der Provinz für länger behaupten können, dann weiß nur Gott allein, was uns blühen würde." Leider gelang der Kommune genau das nicht.

41   Marx/Engels: „Das Manifest der kommunistischen Partei", S. 38
42   Marx: „Der Bürgerkrieg in Frankreich": S. 84

Das revolutionäre Paris und die Kultur

„Paris lebte trotz der Umklammerung, trotz des zunehmenden Kanonendonners, trotz des Zuges der Elendsgestalten, die aus den umkämpften Außenbezirken, aus Neuilly und Asnières, in die belagerte Stadt strömten."

Peter Jokostra: „Als die Tuilerien brannten"

Es ist eine Eigenart aller Revolutionen, dass sie das Aufblühen der Kultur ermöglichen. Der Todeskampf der alten Ordnung, das Ringen der Revolutionäre mit den Unterdrückern, und doch geöffnete Opern und Theater, Musik, Schauspiel, Dichtkunst – all das waren parallele Prozesse in den Wochen der Kommune. Die Pariser ArbeiterInnen stehen damit jedoch nicht allein da: Selbst als in den bittersten Tagen des russischen Bürgerkriegs, als die Eroberung Wolgograds und Petrograds, ja selbst Moskaus durch Weißgardisten möglich schien, blieben die Kulturhäuser offen. Als 1936 die spanischen ArbeiterInnen durch einen Aufstand den faschistischen Putsch abzuwehren gedachten, blieben nicht nur die Theater geöffnet, auch das Radio, als neues Medium, erlangte ungeahnte Bedeutung. Es wurde nicht nur für revolutionäre Propaganda, sondern auch für die Übertragung von Konzerten und Bühnenstücken und das Verlesen von Büchern verwendet.

Wenn man das Wesen von Revolutionen verstanden hat, dann kann das nicht ernsthaft verwundern. Einfach ausgedrückt treten RevolutionärInnen an, um das menschliche Leben zu verbessern, den Hunger, die Not, die Ungerechtigkeit zu besiegen. Dazu gehört auch, den Armen, die kaum in den Genuss kultureller Güter gelangen, den Zugang zu eben diesen zu ermöglichen.

Schon am 19. März, einen Tag nach der Erhebung, hoben die KommunardInnen von Paris den Belagerungszustand auf. Cafés und Museen, Theater und Opern wurden wieder geöffnet. Anders als noch unter Napoleon III. oder später der Septemberrepublik ermöglichte die Kommune den Zugang zu allen Kulturgütern auch den Armen der Stadt. Aber sie ging dabei noch viel weiter. Überall in Paris wurden öffentliche Konzerte mit hunderten Musikern unter freiem Himmel organisiert. Laien führten Theaterstücke auf, jeder Park, jede größere Kreuzung wurde dafür genutzt. Der Zuspruch war riesig. Die Pariser ArbeiterInnen saugten die Klänge Mozarts und Beethovens nur so in sich hinein. Wie eindrucksvoll widerlegten sie die bis heute immer wiederkehrende These, dass Arme quasi von Natur her weniger Interesse am Genuss von Kultur hätten. Bibliotheken waren so gut besucht wie nie zuvor, an allen Straßenecken wurde diskutiert.

Am wichtigsten war aber vielleicht, dass die Kommune tatsächlich das Haupthindernis für den Genuss von Kultur beseitigen wollte: Materielle Not. Wer nicht weiß, wie er die Woche oder den Monat überstehen soll, dem steht das Herz nicht nach dem Besuch einer Oper. In jenen 72 Tagen, in denen sich erstmals für die Pariser ArbeiterInnen und für die Unterdrückten der Welt das Reich der Freiheit deutlich abzeichnete, war das Interesse an, ja der Drang nach Kultur nicht mehr zu bremsen.

Auch über die KünstlerInnen streckte die Kommune ihre schützende Hand aus: Am 13. April gründeten 400 Pariser Kunstschaffende, einem Aufruf des KommunardInnen Courbet folgend, eine Gewerkschaft für Künstler. Sie sollte ihre wirtschaftliche Absicherung sicherstellen und sie im Kampf um verbesserte Arbeitsbedingungen, wie einen kürzeren Arbeitstag, unterstützen.

Bis in die letzten Tage ihres Bestehens blieb die Kommune dem Grundsatz treu, allen Menschen Zugang zu Kunst und Kultur zu ermöglichen. Das letzte Konzert, welches die Kommune organisierte, fand bereits unter dem Geschützdonner der Versailler in der Hauptstadt statt. Erst am 25. Mai war es damit vorbei. Dann schlossen die Versailler die Kulturhäuser wieder.

Die Pariser Kommune und die IAA

„Seit zwei Tagen bin ich in Paris. Ich habe die Männer der Kommune gesehen, sie sind ebenso wie die Bevölkerung voller Begeisterung, sie haben noch immer die Hoffnung, Versailles zu nehmen, und arbeiten für dieses Ziel. An Männern fehlt es nicht, es sind die Führer, an denen es mangelt [...]."

aus einem Brief von Paul Lafargue an Karl Marx, vom 8. April 1871

Vom ersten Tag der Pariser Kommune an war die französische Sektion der Internationalen Arbeiterassoziation, der ersten Internationale, geschwächt. Sie hatte die Repressionen des kapitalistischen Staates seit Jahren immer wieder zu spüren bekommen. Ursprünglich wurde die IAA 1864 von Karl Marx in London ins Leben gerufen. Nur ein Jahr später gründeten französische SozialistInnen in Paris eine französische Sektion der Internationale. Drei Jahre später ging die Internationale in einer Verhaftungswelle unter. Doch der Gedanke der internationalen Verbrüderung der ArbeiterInnen blieb lebendig. Aus dem Untergrund heraus organisierten SozialistInnen Streiks und Demonstrationen und erkämpften sich so 1870 ihr Recht auf legale Existenz zurück. Innerhalb nur weniger Wochen wuchs die französische Gruppe der IAA sprunghaft auf 100.000 Mitglieder an, so dass die Herrschenden in Frankreich abermals in Panik gerieten und am 22. Juni 1870 die Internationale von Neuem auflösten.

Damit saßen gerade in den Momenten, in denen sich die französische Arbeiterbewegung besonderen Prüfungen zu stellen hatte, in der Zeit des deutsch-französischen Krieges und der Pariser Kommune, große Teile der politisch erfahrenen Schichten der Arbeiterklasse in den Gefängnissen Frankreichs.

Verhaftungen, Illegalität, Verfolgung – allein dadurch war die IAA enorm geschwächt. Doch auch die innere Verfasstheit der IAA hinderte diese daran, in die Ereignisse in Paris im Jahre 1871 mit der nötigen programmatischen Schärfe einzugreifen. Bis zum März 1871 befand sich die französische Sektion der IAA „[...] in einem verworrenen Entwicklungsprozess, vermengt mit abgestandenen Bourgeoishelden, die nach einem Ruf lüstern waren, mit Verschwörern und Romantikern und gänzlich unbekannt mit dem administrativen und politischen Mechanismus jener Bourgeoisie, der sie auf den Leib rückte."[43]

Innerhalb der IAA trafen verschiedene sozialistische Strömungen aufeinander. In Frankreich waren nicht zuletzt die Anhänger Proudhons besonders stark. Ihre Vorstellungen von den Aufgaben der Internationale waren genuin andere als die der Anhänger von Marx. Wollten diese den ökonomischen Kampf in den Mittelpunkt der Arbeit der IAA stellen, so wollten jene in verstärktem Maße politisch kämpfen. Von den 17 Abgeordneten der IAA im Kommunalrat gehörte nur eine Minderheit der marxistischen Strömung innerhalb der Internationale an. Entsprechend gering waren ihre Handlungsoptionen.

Schon im Frühjahr 1871, kurz vor dem Ausbruch der Revolution in Paris, klafften zwischen den Marxisten einerseits und der nicht-marxistischen Mehrheit innerhalb der Führung der französischen IAA unüberwindliche Gräben. Als sich die Leitung der Internationale am 1.März mit der Frage des Umgangs mit dem Zentralkomitee der Nationalgarde beschäftigte, stritt Eugene Varlin, die vielleicht vorzüglichste Persönlichkeit der Pariser Kommune, darum, dass die Internationale versucht Einfluss innerhalb des Zentralkomitees zu gewinnen. Immer wieder erhob er sich von seinem Stuhl und kämpfte gegen harte Widerstände für diese Taktik: „Es ist unbedingt notwendig, dass die Mitglieder der Internationale mit allen Mitteln versuchen, von den Gruppen denen sie angehören, zu Delegierten gewählt zu werden und ins Zentralkomitee zu gelangen."[44] Er erntete nur Spott und Hohn für diesen Vorschlag. Leo Franckel warf Varlin indirekt gar Bereitschaft zu Zugeständnissen an die Bourgeoisie vor. Vielleicht war Varlin der Einzige, der innerhalb der Führung der französischen Sektion der Internationale die Bedeutung des Zentralkomitees erfasste. „Wenn wir in Gegenwart einer solchen Kraft isoliert bleiben", gab Varlin zu bedenken, „wird unser Einfluss schwinden [...]"[45]

Alle seine Bemühungen trugen nur dazu bei, dass die Leitung der französischen IAA-Sektion beschloss eine Vierer-Kommission in das Zentralkomitee zu entsenden. Die vier Internationalisten wurden aber per Beschluss dazu verdonnert, nur als Individuen im Zentralkomitee zu agieren. Von organisierter Arbeit innerhalb der Nationalgarde wollte man nichts wissen. Dass man im Angesicht der Existenz einer bewaffneten Arbeiterarmee, die ehrlich bemüht

---

43 Lissagaray: S. 15
44 zit. nach: Lavrov: S. 60
45 zit. nach: Lavrov: S. 60

war sich demokratisch zu organisieren, zu einem solchen Beschluss gelangen konnte, erklärt sich nur, wenn man das Ausmaß des Einflusses der Ideen von Proudhon und Blanqui innerhalb der IAA richtig einschätzt. Karl Marx und Friedrich Engels genossen zweifelsohne großes Ansehen in den Reihen der ersten sozialistischen Internationale, schließlich hatte Karl Marx sie ins Leben gerufen, aber sie repräsentierten innerhalb der IAA nur eine von verschiedenen theoretischen Strömungen und diese war gerade in Frankreich nicht die bedeutendste. Selbst ein Mann wie Eugene Varlin zeigte teilweise eine unübersehbare Affinität für die Vorstellungen Proudhons.

Der Einfluss der Anhänger Proudhons innerhalb des Rats der Kommune im Allgemeinen und in der Fraktion der IAA im Besonderen verhinderte nicht zuletzt die Enteignung der französischen Nationalbank. Dass die fehlende Bereitschaft der Mehrheit im Stadtparlament und besonders der Mehrheit in der IAA-Fraktion nicht der Meinung der Pariser Arbeiterklasse entsprach, zeigt auch, dass jede Aktion gegen die Bank in Paris Unterstützung fand. Verweigerte die Nationalbank beispielsweise die Zahlung von Gehältern, so ließ der Kommunerat häufig bewaffnete KommunardInnen vor dem Bankgebäude aufmarschieren. Es war nie schwer, für derartige Aktionen Freiwillige zu finden. Doch innerhalb der IAA waren alle Maßnahmen gegen die Nationalbank äußerst umstritten.

Nicht anders lagen die Dinge in Bezug auf die Auseinandersetzung um den Marsch auf Versailles. Die Pariser ArbeiterInnen verlangten ihn immer wieder, nahmen schließlich sogar am 3. und 4. April an einem Angriff auf die Stadt, die Thiers Regierung beherbergte, teil. Doch die Pariser Mitglieder der französischen Sektion der IAA konnten sich zu keiner einheitlichen Position in dieser Frage durchringen.

In den Reihen der Internationale fehlte es an Klarheit über die notwendigen Schritte. Der eigentlichen Aufgabe, ein Aktionsprogramm für die Kommune zu entwerfen kam die Internationale nicht nach. Gerade die Abgeordneten der IAA im Pariser Stadtparlament waren vielfach von erschreckender Unkenntnis über die Gesetzmäßigkeiten von Revolutionen. Ihre Auswahl war unbedacht. Zwar verstanden sich alle IAA-Mitglieder im Kommunerat als Revolutionäre, doch nur eine Minderheit verdiente dieses Attribut tatsächlich. Umso tragischer war es, dass bis zuletzt selbst solch fortschrittliche Leute wie Varlin oder Vermorel keinen wirklichen Versuch unternahmen, wenigstens eine fest gefügte sozialistische Minderheitsgruppe zu formieren – das fehlende Bewusstsein für diese Aufgabe hatte fatale Folgen für das Schicksal der Kommune.

Unbestreitbar bildete die IAA den linken Flügel des Stadtparlaments der Hauptstadt. Die Bruchlinien zwischen der IAA einerseits und der Ratsmehrheit andererseits vertieften sich immer weiter. Als am 1. Mai 1871 das Pariser Stadtparlament erstmals ein zentrales Exekutivkomitee wählte und ihr ausgerechnet den vorbelasteten Namen „Wohlfahrtsausschuss" verpasste, verweigerte die IAA die Teilnahme an den Wahlen zu diesem Gremium, welches am 9. Mai komplett neu besetzt werden musste, da sich das erste als unfähig erwies, die vor ihm liegenden Aufgaben zu lösen. Der Streit um die Einrichtung des „Wohlfahrtsausschusses" entzweite die IAA-Abgeordneten endgültig von der Mehrheit des Kommunerats. Die vorgebliche Lösung, zu der sich die IAA entschloss, konnte von den revolutionären Massen der Hauptstadt kaum verstanden werden. Die IAA-Abgeordneten, sowie einige weitere Abgeordnete traten am 15. Mai aus dem Stadtparlament aus. Auf die Pariser ArbeiterInnen, die Anfang Mai bereits im täglichen Kampf auf Leben und Tod mit der Konterrevolution standen, musste dieser Schritt wie Verrat wirken. Die Begründung dieser Maßnahme war keinesfalls dazu geeignet, diesen Eindruck zu verwischen. Man erklärte, eine weitere Zusammenarbeit im Rat sei künftig unmöglich, man werde in Zukunft in den Stadtteilausschüssen arbeiten, um dem weiteren Vorgehen des Kommunerats nicht im Wege zu stehen.

Vom 18. März bis zum 20. Mai gelang es der IAA in Paris nicht, ihrer Rolle gerecht zu werden. Sie wäre in der Verantwortung gewesen, den Prozess in der Hauptstadt inhaltlich zu befruchten, stattdessen machte sie Fehler oder aber war nicht fähig zu handeln. Sie war zerstritten, viele ihrer führenden Köpfe saßen in kaiserlichen Gefängnissen. Die IAA war von den Ereignissen überrollt worden und trottete ihnen – wie all die anderen proletarisch-revolutionären Gruppen – oft genug hinterher.

Angriff auf Paris

„Meine Herren, mögen die Bestrebungen der Kommune in Ihren Augen auch noch so verwerfliche oder – wie gestern hier im Hause privatim geäußert wurde – verrückte sein, seien sie fest überzeugt, das ganze europäische Proletariat und alles, was noch ein Gefühl für Freiheit und Unabhängigkeit in der Brust trägt, sieht auf Paris. (Große Heiterkeit)
Meine Herren, und wenn auch im Augenblick Paris unterdrückt ist, dann erinnere ich Sie daran, dass der Kampf in Paris nur ein kleines Vorpostengefecht ist, dass die Hauptsache uns in Europa noch bevorsteht, und dass, ehe wenige Jahrzehnte vergehen, der Schlachtruf des Pariser Proletariats: 'Krieg den Palästen, Friede den Hütten, Tod der Noth und dem Müßiggange!' der Schlachtruf des gesamten europäischen Proletariats werden wird.
(Heiterkeit)"
August Bebel, 25. Mai 1871 vor dem deutschen Reichstag

Der 21. Mai war ein Sonntag, ein schöner sonniger Maitag, an dem die Pariser ArbeiterInnen und AnhängerInnen der Kommune, trotz des dauernden Beschusses durch die Versailler in die Tuileriengärten strömten. Die KommunardInnen veranstalteten eines ihrer berühmten Konzerte, es nahmen 1.500 Musiker daran teil. Ein Offizier der KommunardInnen verlas eine Botschaft an die unzähligen Gäste: „Bürger, Monsieur Thiers versprach gestern, in Paris einzuziehen. Monsieur Thiers ist nicht eingezogen; er wird nicht einziehen. Deshalb lade ich Sie für nächsten Sonntag hierher an die gleiche Stelle ein."[46]
Zur gleichen Zeit spazierte ein gewisser Jules Ducatel, ein kaiserlicher Beamter, dem die Republik des Herrn Thiers den alten Posten gesichert hatte, an der Stadtmauer von Paris entlang. Er sah mit Verachtung auf das Paris der ArbeiterInnen, und ausgerechnet dieser Mann fand die Festungsmauer und die Häuser bei Saint Cloud unbesetzt vor. Die Nationalgarde, durch die wochenlangen Kämpfe ausgedünnt, war personell nicht mehr imstande alle Teile der Stadtmauer zu besetzen.
Ducatel machte sich sofort bemerkbar. Er wedelte mit seinem Taschentuch bis ein Offizier der konterrevolutionären Regierungstruppen auf ihn aufmerksam wurde. Dieser schickte einen Spähtrupp, der mit der Nachricht zurückkam, dass in den Verteidigungs-

---

46 zit. nach: Peter Jokostra: „Als die Tuilerien brannten": S. 214

linien der KommunardInnen eine tiefe Bresche klaffte.

Ausgerechnet General Dombrowski, den sich das Zentralkomitee der Nationalgarde stets geweigert hatte zum Oberbefehlshaber der Nationalgarde zu machen, bemerkte als erster den Einbruch der Versailler. In einer militärischen Meisterleistung kratzte er versprengte Truppen und Freiwillige zusammen, schickte seine Leute von Haus zu Haus, um überzeugte KommunardInnen über die Dramatik der Situation zu informieren und improvisierte eine Verteidigungslinie. Doch seine drei- bis viertausend Männer standen einem etwa siebzehnfach überlegenen Feind gegenüber, der noch dazu auf vertrautem Boden operierte. Die Stadtteile, die er im Laufe des 21.Mai besetzte, waren reiche Viertel. Dort jubelte man über das Eintreffen der Regierungstruppen. „In den reichen Vierteln tobte die Freude", hält Lissagaray fest.[47]

Dombrowski verlangte Verstärkungen vom Zentralkomitee, doch trotz der Dringlichkeit seiner Appelle blieb er auf sich allein gestellt. Billioray, Mitglied des Sicherheitsausschusses, war zwar ins Stadthaus gestürmt, um das gerade tagende Kommuneparlament über die Vorgänge zu informieren, doch als er in die überaus geschockten Gesichter der Abgeordneten blickte, schwächte er die Nachricht selbst mit den Worten „Bataillone sind unterwegs. Der Sicherheitsausschuss ist wachsam", ab. Das entsprach nicht der wirklichen Situation. Wie im Bürgerkrieg Sowjetrusslands eilten auch 1871 die besten KommunardInnen sofort zu den Waffen. Vermorel, Varlin und andere stürmten aus der Sitzung des Kommunerats direkt auf die Barrikaden. Delescluze, der fähigste Oberkommandierende der revolutionären Streitkräfte der Kommune, rief alle revolutionär Gesinnten Einwohner der Hauptstadt zum Kampf auf: „Genug des Militarismus! Keine Generalstäbler mehr mit Rangabzeichen und goldenen Litzen an jedem Saum! Macht Platz für das Volk, für die Kämpfer mit den blanken Waffen! Die Stunde des Revolutionskrieges hat geschlagen. Das Volk weiß nichts von gelehrten Abhandlungen, aber wenn es ein Gewehr in die Hand nimmt und Steine unter seinen Füßen spürt, fürchtet es nicht die Strategen der monarchistischen Kriegsschule."[48] Jokostra kommentierte diesen Aufruf mit den Worten: „Was vier Wochen zuvor notwendig gewesen war: die Aufstellung einer wirklichen Volksarmee ohne litzenverbrämte Eitelkeit, das wurde nun in der Stunde der höchsten Not – zu spät, um noch wirksam werden zu können –

---

47 Lissagaray: S. 361
48 zit. nach: Jokostra: „Als die Tuilerien brannten", S. 216

Wirklichkeit."[49]

Tatsächlich stürmten die Pariser ArbeiterInnen massenhaft zu den Waffen, noch am Abend des 21.Mai begannen überall in der Stadt der Neubau und die Ausbesserung von Barrikaden. Die treuen KommunardInnen kämpften, die Verräter flohen: Paul-Antoine Brunel eilte zur Frontlinie, Felix Pyat floh aus Paris.

Die Zahl der Versailler Truppen war ungeheuerlich. Wo hatte Thiers nur derart viele Soldaten her? Die Frage der KommunardInnen war berechtigt. Noch vor ein paar Wochen war das französische Heer geschlagen und der frisch gebackene gesamtdeutsche Reichskanzler Bismarck erlaubte der Versailler Regierung den Unterhalt von nur etwa 40.000 Soldaten. Im Angesicht der Revolution jedoch sind alle Ausbeuter Brüder, und so sandte der deutsche Regierungschef gefangene französische Soldaten: Man wählte konterrevolutionär gesinnte Truppenteile aus und schickte sie der Regierung Thiers. Am 28. März verfügte Thiers so über 80.000 Mann, am 5. April bereits über 100.000 und bei Beginn des Überfalls auf Paris über 150.000 Soldaten. „Ohne dieses stillschweigende Entgegenkommen der Deutschen wäre das massive militärische Vorgehen der Regierung gegen die Kommune nicht möglich gewesen", resümierte das Magazin „Damals" anlässlich des 115jährigen Jubiläums der Pariser Kommune.[50]

Alle eilig ergriffenen Abwehrmaßnahmen halfen nichts, die Versailler Soldaten hatten sich in der Hauptstadt festgesetzt. Am Montag triumphierte Thiers bereits in aller Öffentlichkeit. „Die Generale", rief er in der Nationalversammlung aus, „die den Einzug nach Paris geleitet haben, sind große Feldherren."[51] In einem Anfall von unbändiger Freude verkündete er gar das Ende des Bürgerkrieges und den vollständigen Sieg seiner Truppen.

Es war nichts Ungewöhnliches, dass Thiers sich irrte, aber dieser Irrtum war etwas Besonderes. Am 22. Mai, einem Montag, begann der eigentliche Kampf um die Hauptstadt erst. Die Regierungstruppen versuchten über den Place de la Concorde vorwärts in Richtung der Arbeiterviertel zu stoßen. Doch sie kamen an Brunels legendären Scharfschützen nicht vorbei. Angriffswelle auf Angriffswelle verebbte an seinen harten Linien. Brunel forderte Hilfe an, wollte Truppen für einen Flankenangriff gegen Thiers' Soldaten. Noch gab es die Möglichkeit, den Regierungstruppen eine entschei-

---

49 Jokostra: S. 216

50 Erhard Brüchert: „1871: Der Aufstand der Pariser Kommune", S. 494, in „Damals", 6/Juni 1986

51 zit. nach: Lissagaray: S. 298

dende Niederlage beizubringen. Delescluze sah es ähnlich und forderte Artillerieeinheiten vom Montmartre an. Doch der ausgesandte Bote kam frustriert zurück: Die Kanonen und Mitrailleusen waren verwaist, niemand hatte sich um sie gekümmert, am allerwenigsten das Artilleriekomitee. Der „Wahnsinn der Ausschüsse" verfolgte die Kommune selbst in ihren Schicksalsstunden.

In der Nacht zum Mittwoch schafften Thiers' Soldaten Artillerie und weitere Truppen heran. Jetzt gelang ihnen in den frühen Morgenstunden das, was sie den ganzen Dienstag nicht vollbracht hatten, der Durchbruch über den Place de la Concorde hinweg. Die KommunardInnen setzten die Tuilerien, die Gebäude des Rechnungswesens und des Staatsrates in Brand. Doch oft genug verließen die KommunardInnen ihre Stellungen überstürzt. Zahlreiche Papiere fielen den Gegnern in die Hände. Anhand dieser bildeten sie Listen, mit denen sie nach Ende der Kämpfe auf die Jagd nach RevolutionärInnen gingen.

In der Nacht zum Mittwoch nahmen die KommunardInnen Abschied von Dombrowski. Der Pole, der für die Befreiung der französischen ArbeiterInnen gekämpft hatte, General der Nationalgarde, war gefallen. Föderierte strömten zusammen und gedachten im Schein der Fackeln des heldenhaften Lebens Jaroslaw Dombrowskis.

Am Mittwoch standen die Versailler Soldaten allerorten kämpfenden Frauen gegenüber, die nun endlich nicht mehr gegen die Widerstände ihrer Männer angingen, sondern sich einfach das Recht herausnahmen zu kämpfen. Am Donnerstag drangen die Eroberer in die östlichen Viertel der Hauptstadt ein. Immer brutaler wurde ihr Vorgehen, immer verbissener der Widerstand der KommunardInnen. Jedes Haus wurde umkämpft, von jedem Dach wurde geschossen. Wo die KämpferInnen keine Munition mehr hatten, kämpften sie mit Steinen, Gewehrkolben, Bajonetten, Thiers Soldaten kamen nur schrittweise voran. Nach Kämpfen deren Härte selbst jene aus dem deutsch-französischen Krieg in den Schatten stellten, eroberten die Versailler das Stadthaus und die Polizeipräfektur.

In der „Damals" vom Juni 1986 wird eines jener bürgerlichen Märchen über die Geschichte der Kommune wiedergegeben, wonach die Versailler Truppen nur deshalb so langsam vorwärts gehen, weil sie „[...] wissen, dass ihnen die Rückeroberung der Hauptstadt nicht mehr misslingen kann [...]."[52] Diese Einschätzung hat nichts mit den Ereignissen der letzten Maitage 1871 zu tun. Thiers hätte

---

52 Brüchert: S. 491

Paris gern im Handstreich genommen, aber so wenig wie die Pariserinnen den Abtransport der Kanonen zuließen, so wenig gaben sie ihren Traum von einem Leben in Freiheit freiwillig her. Sie bissen sich an jeder Straße und jedem Haus fest. Der Aufruf von Delescluze vom 21. Mai wirkte – positiv und negativ. Die Massen folgten und kämpften bis zur Verzweiflung um ihre Viertel. Doch sie kämpften eben nur in ihren Vierteln, ein gemeinsames Vorgehen gab es nur an wenigen Orten. Das Zentralkomitee hatte zudem schon in den ersten Stunden jeden Überblick über die militärische Lage verloren.

Donnerstag, 25. Mai – ein Tag der schweren Verluste für die Föderierten. Delescluze, der sich an vorderster Front einen Überblick über die Situation verschaffen will, und dabei alle Warnungen in den Wind schlägt, fällt auf einer der Barrikaden. Mit seiner Person fiel auch die letzte noch existierende Zentralgewalt der Pariser Kommune. Als die Versailler die Barrikade nahmen, auf der Delescluze starb, warfen sie seine Leiche einfach beiseite. Sie verschwand wie so viele Leichen so vieler KommunardInnen. Lissagaray, der Delescluzes Tod mit ansehen musste, tröstete sich später damit, dass ein Mann wie Delescluze lieber auf den Barrikaden, als durch die Hand eines Henkers seinen Tod finden wollte.

Nur noch ein kleiner Teil der Hauptstadt befand sich nun in den Händen der Aufständischen, südlich der Seine waren kaum noch kampffähige Verbände der KommunardInnen zu finden. Paul-Antoine Brunel wurde derart schwer verletzt, dass er aus dem Kampf ausschied. Obwohl er immer wieder verlangte, man solle ihn auf der Barrikade lassen, wurde er von seinen Leuten mit einem zerschmetterten Oberschenkel zum Verbandsplatz getragen. Brunel hatte Glück, ihm gelang in den folgenden Tagen die Flucht nach Deutschland, wo er 1904 im Alter von 74 Jahren verstarb.

Die letzten, erschöpften KommunardInnen, die sich nun auch noch mit Angriffen französischer Truppen konfrontiert sahen, die von den Stellungen der deutschen Armee aus geführt werden, ziehen sich auf Belleville zurück. Doch sie gaben nicht auf. In den von den Versaillern besetzten Stadtteilen wurde jetzt bereits gemordet und gelyncht, in einer bis dahin unbekannten Weise. Durch die Erschießung von 56 Geiseln, allesamt Aushängeschilder des kaiserlichen und bürgerlichen Staates, die sich in den Händen der Kommune befanden, hatten die Aufständischen versucht dem Terror der Sieger Einhalt zu gebieten – vergeblich. Varlin wollte die Geiselerschießungen verhindern. Doch seine Warnungen, dass diese Tat nutzlos sei und nur ein schlechtes Bild auf die KommunardInnen werfen würde, waren in den Wind gesprochen. Dennoch, das Blut dieser 56 Toten war das einzige Blut, welches an den Händen der KommunardInnen kleben sollte, als der Kampf vorüber war.

Selbst Kinder zogen in den Kampf. Ein Fall sollte legendär werden: Als die Versailler die Barrikade am Faubourg du Temple erobern und die Gefangenen, derer sie habhaft wurden, einen nach dem anderen abschlachteten, trat aus den Reihen der KämpferInnen ein Junge hervor. Er bat den Offizier der Regierungstruppen um Aufschub, er wolle seiner Mutter noch seine Uhr bringen, „damit sie nicht alles verliert". Wie versprochen, kehrte er nach wenigen Minuten zur Erschießung zurück.

Am 27. Mai kämpften KommunardInnen auf dem Friedhof Père-Lachaise, bis ihre Munition erschöpft war. Und selbst dann war ihre Schlacht noch nicht geschlagen. Mit bloßen Fäusten wehrten sich Männer und Frauen gegen den Ansturm der Versailler. An Ort und Stelle wurden die überlebenden Föderierten, derer die Regierungstruppen Herr wurden, hingerichtet.

Doch erst am nächsten Tag schwiegen in Paris die Waffen der Revolutionäre. Varlin ist einer der letzten, die noch kämpfen. Selbst als das von ihnen gehaltene Gebiet nur noch ein kleines Viereck im XX. Arrondissement war, griffen sie die anstürmenden Versailler an. Heroisch kämpften sie noch bis zum Mittag weiter, dann fiel die letzte Barrikade. Der Kampf der Versailler war beendet – die Schlächterei hatte damit erst begonnen.

Der Terror der Sieger

*„Noch nie hat Paris eine solche Gelegenheit gehabt, sich selber von dem morali-
schen Aussatz zu heilen."*
Die bürgerliche Zeitung „Figaro" nach Ende der Straßenkämpfe in
Paris

Bis zum Mai 1871 hatte Europa noch kein Verbrechen in der Grö-
ßenordnung dessen gesehen, wie es damals in der französischen
Hauptstadt verübt wurde. Gewiss, schon 1848 hatte das französische Militär in Paris gehaust. „Und doch war 1848 noch ein Kinderspiel gegen ihr Wüten von 1871", bemerkte Engels 1891 in seinem
berühmten Vorwort zum „Bürgerkrieg in Frankreich".[53] Was in den
letzten Tagen des Mai geschah war der Prototyp einer konterrevolutionären Schlächterei zur Überwindung einer proletarischen Revolution. Paris sollte Schule machen: Was 1871 das französische Militär
erledigte, das besorgten 1918/19 in Deutschland die Freikorps und
in den 1960er Jahren Suhartos Banden in Indonesien. Nicht nur die
herrschende Klasse in Frankreich versuchte in den Jahrzehnten
nach der Pariser Kommune dieses Verbrechen dem Vergessen an-
heimfallen zu lassen, strich es aus den Geschichtsbüchern und Fil-
men.
Bis heute lassen einen die Ereignisse in der französischen Hauptstadt während der Blutwoche erschaudern. Nur wenige Stunden
nachdem die letzte Barrikade der KommunardInnen gefallen war
frohlockte der französische Oberkommandierende: „Die Armee
Frankreichs hat euch gerettet, Paris ist befreit. Um 4 Uhr haben unsere Soldaten die letzten noch von den Aufständischen besetzten
Stellungen genommen. Heute ist der Kampf beendet. Ordnung,
Arbeit und Sicherheit werden wiederkehren."[54]
Was Männer wie Mac-Mahon oder Thiers unter „Ordnung und Sicherheit" verstanden, war in Wirklichkeit eine Botschaft. Eine mit
dem Blut der KommunardInnen geschriebene Botschaft an das Pariser, an das französische, ja an das europäische Proletariat.
Die Arbeiterviertel wurden durchkämmt. Haus um Haus wurde
durchsucht. Überall willkürliche Festnahmen, wer sich weigerte
Barrikaden abzubauen, wer gegen die harten Maßnahmen protes-

---

53 Engels: „Einleitung zu der Bürgerkrieg in Frankreich"
54 zit. nach: Marlis Meergans, Eberhard Noll: „Die Pariser Kommune", S. 31

tierte, wurde kurzer Hand erschossen. „Wer geschwärzte Hände hatte oder eine Verfärbung von einem Gewehrkolben an der Schulter, wer eine Uniform oder auch nur ein Paar Armeestiefel trug, aber auch wer eine trotzige Miene aufsetzte oder sonst irgendwie das Missfallen der Offiziere erregte, die zigarrerauchend an langen Tischen saßen und die herein quellenden Menschenmassen abfertigten, wurde nach links gewinkt – und dort warteten die Erschießungskommandos", schreibt Sebastian Haffner.[55]

Besonders hart waren Frauen vom Terror der Sieger betroffen: Sie hatten während der Barrikadenkämpfe vielfach ihre Röcke und Kleider gegen Hosen eingetauscht, um beweglicher zu sein. Die Versailler wussten das und erschossen wahllos alle Frauen, die Hosen trugen. Dreiste Lügengeschichten mussten diese Morde bemänteln. Die bürgerlichen Zeitungen waren angefüllt mit Geschichten über sogenannte „Petroleusen". Frauen, die angeblich aus Petroleum Brandbomben bauen und diese in bürgerliche Häuser werfen würden. Nichts davon entsprach der Wahrheit, aber bereits am 25. Mai wurden Frauen in Paris reihenweise ermordet, weil sie angeblich Petroleusen gewesen seien. „Aber die 'Hüter der Ordnung' arbeiteten noch mit anderen Mitteln, um die Geister zu verwirren und die Gemüter zu erregen. So verbreiteten sie das Gerücht, dass die verteufelten 'Tigerinnen' des Proletariats den Liniensoldaten Giftbecher reichten, wenn diese sich, von Feuer und Rauch bedrängt, von den Frauen anlocken ließen. Ja, sogar die Feuerwehr sollte von diesen 'Amazonen der Seine' verführt worden sein und [...] Petroleum statt Wasser in die Flammen der Tuilerien gespritzt haben"; schreibt Jokostra.[56]

Diese wüsten Geschichten hatten einen handfesten Hintergrund: Am 18. März war es nicht zuletzt die Solidarisierung der Regierungssoldaten mit den Pariser Arbeiterfrauen gewesen, die die Revolution ermöglichte. Ähnliche Szenen gedachte Thiers mittels haarsträubender Geschichten über die Frauen von Paris zu verhindern. Aber diese Geschichten haben noch eine andere Seite. Die Herren an der Spitze des französischen Staates glaubten, Frauen wären nur in der Lage hinterhältig zu kämpfen und die Regierungssoldaten in Fallen zu locken.

Durch die Pariser Straßen zogen überall Gefangenenkolonnen auf dem Weg zu ihrem Exekutionsplatz – irgendein Garten, ein Park, ein Hinterhof. In den Gefängnissen liquidierte man sofort, im Theater Chatelet mussten sich die KommunardInnen auf die Büh-

---

55 Haffner: S. 49f.
56 Jokostra: S. 166

ne stellen, die Erschießungskommandos standen vor ihnen in den Logen. Auf den Straßen lagen Leichen, in den Gossen bildeten sich Bäche von Blut. Wo es den Offizieren und Generalen mit den Erschießungen per Gewehr zu langsam voranging, dort wurden Mitrailleusen und selbst Kanonen eingesetzt, um die KommunardInnen abzuschlachten. Da der Mai heiß war, durchzog bald unerträglicher Verwesungsgeruch die ganze Stadt. Niemand zählte die Opfer oder versuchte auch nur sie zu identifizieren.

Ein Gymnasiallehrer, der von den Versaillern als Anhänger der Kommune verhaftet wurde, später aber entkommen konnte, berichtete über die Vorgänge im Roquettegefängnis: „Wir waren bald mehr als dreitausend Gefangene auf der rechten Seite. Den ganzen Sonntag über und noch einen Teil des Montags dauerte das Knallen neben uns fort. Am Montagmorgen kam ein Peloton herein: `Fünfzig Mann!` sagte der Sergeant. Wir glaubten, es ginge zur Erschießung, und niemand rührte sich. Die Soldaten nahmen die nächsten fünfzig. Ich war darunter. In dem Raum, in den man uns führte und der uns riesig vorkam, sahen wir Haufen über Haufen von Leichen aufgeschichtet. 'Hebt alle diese Schweine auf und werft sie in die Möbelwagen!' Wir hoben die blutstarrenden Leichen auf. Die Soldaten machten schauderhafte Späße: 'Sieh doch, was der für Fratzen macht!' und sie zertraten ihnen die Gesichter mit dem Absatz. Es kam uns vor, als ob einige noch lebten. Wir sagten es den Soldaten, aber sie antworteten: 'Vorwärts! Vorwärts! Macht nichts!' Sicher wurden einige lebendig begraben. Ich habe gezählt: Wir legten neunzehnhundertsieben Leichen in die Möbelwagen."[57]

Elie Reclus, der in einem Keller von den Versaillern aufgestöbert wurde, erinnerte sich später daran, wie die Versailler Soldaten, die ihn fanden, sich mit ihren Bluttaten brüsteten: „Ja, wir haben 200 erwischt und erledigt."[58]

Überall in Paris entschieden Offiziere und Generale willkürlich über Leben und Tod der ihnen Ausgelieferten. Sie standen in sauberen Uniformen vor langen Schlangen gefangen genommener KommunardInnen und wiesen sie nach ihrem Gutdünken an nach links oder rechts zu gehen. Wer nach links gehen musste wurde erschossen. Dabei entwickelten diese Offiziere grauenvolle Vorlieben: Der eine wies an ältere Föderierte zu töten, da sie seiner Meinung nach schon 1848 dabei gewesen sein dürften. Der andere ließ besonders gern jüngere KommunardInnen abschlachten. Ein dritter hatte es besonders auf Frauen abgesehen. Die Auswahl war vollkommen

---

57 zit. nach: Haffner: S. 50
58 zit. nach: Helmut Swoboda: „Die Pariser Kommune 1871", S. 317

willkürlich. All das geschah mit Wissen und mit Willen der Regierung Thiers und des Oberkommandierenden der französischen Armee Mac Mahon. „Ausgelassene, elegante Damen machten sich ein Vergnügen daraus, die Leichen zu betrachten, und hoben mit ihren Sonnenschirmen die letzte Bekleidung der tapferen Todten auf, um sich daran zu ergötzen."[59]

An der Porte de la Muette wurden ungezählte KommunardInnen erschossen und ihre Leichen dienten dazu, den alten Festungsgraben aufzufüllen. An allen großen Plätzen sammelten sich die Besitzenden und Reichen von Paris und feuerten die Soldaten bei ihren Schlächtereien an. Natürlich waren Kirchenvertreter zur Stelle, um für die Opfer der Erschießungskommandos zu beten. Nicht selten hatten sie sich zuvor als Denunzianten betätigt, so im Fall Eugene Varlin: „Am Sonntag, den 28., erkannte ihn ein Pfaffe in der Rue Lafayette und bat einen Officier ihn zu verhaften. Der Lieutenant Sicre packte Varlin und ließ ihm die Hände auf den Rücken binden. Er führte ihn selbst durch die zusammengeströmte Menge [...]. Durch die steilen Straßen des Montmartre führte man Varlin eine ganze Stunde lang, die Hände auf den Rücken gebunden, unter einer Menge von Mißhandlungen und Beschimpfungen. Sein junges Haupt mit der Denkerstirn, das nur von brüderlichen Gedanken erfüllt gewesen, glich von den Säbeln ganz zerhackt, bald nur noch einem blutigen Fleischklumpen; das Auge hing aus der Höhle heraus. Als er beim Generalstab [...] ankam, konnte er nicht mehr gehen; man musste ihn tragen. Man setzte ihn nieder, um ihn zu erschießen. Die Elenden mißhandelten selbst seinen Leichnam noch mit Kolbenschlägen."[60]

Im Angesicht dieser Orgie der Gewalt gewannen selbst in der bürgerlichen Presse nachdenkliche Stimmen an Einfluss. In „La Petite Presse" hieß es damals: „Gestern konnte man auf der Seine einen langen Streifen Blut sehen, der mit der Strömung durch den zweiten Bogen auf der Seite der Tuilerien floss."[61]

Das „Paris Journal" verlangte gar: „Schluss mit dem Töten! Wir wollen nicht mehr!"[62]

Längst war die Beseitigung der Leichen zu einem ernsthaften Problem geworden. Parks und Freiflächen aller Art wurden zu Massengräbern umfunktioniert. Tote wurden in die Seine geworfen; als 1887 die Fundamente für den Bau des Eiffelturms ausgehoben

59 Lissagaray: S. 361f.
60 Lissagaray: S. 365f.
61 zit. nach: Brüchert: S. 496
62 zit. nach: Haffner: S. 51

wurden, stießen die Bauarbeiter auf Skelette ermordeter KommunardInnen.

Nach einer Woche gebot man dem Terror Einhalt. Der öffentliche Druck auf die Regierung wurde immer unerträglicher, zuletzt waren selbst die Korrespondenten zahlreicher bürgerlicher, ausländischer Zeitungen, denen man schwerlich Sympathien für die Kommune unterstellen konnte, aus Protest gegen die Mordwelle aus Paris abgereist.

Bis heute ist es schwer, genaue Angaben über die Opferzahlen zu machen. Am Ende der Schlächterei wurden von den Straßen der Hauptstadt 17.000 Tote aufgelesen. Doch all die Verscharrten, in die Seine Geworfenen und in den Festungsgräben „beerdigten" KommunardInnen sind in dieser Rechnung nicht enthalten. Man muss von gut 40.000 KommunardInnen ausgehen, die von den Gerichten Frankreichs zu Tod, Kerkerhaft und Verbannung nach Neukaledonien verurteilt wurden. Wenn man sich dazu vor Augen führt, dass bei einer Volkszählung in der Hauptstadt im Jahr 1873 ungefähr 100.000 Menschen fehlten, dann muss man – berücksichtigt man die in den Kämpfen Getöteten und die Geflohenen – von über 40.000 ermordeten KommunardInnen ausgehen. Keine Schlacht im deutsch-französischen Krieg hatte einen ähnlichen Blutzoll gefordert. In den 13 Monaten der Herrschaft der Jakobiner wurden 17.000 Todesurteile in ganz Frankreich vollstreckt. Diese Toten findet man in den Schulbüchern. Die 40.000 hingemetzelten KommunardInnen finden nicht einmal in einem Nebensatz Erwähnung.

Doch warum dieser Terror? Sebastian Haffner bemerkt dazu: „Gern würde man alles einer wild gewordenen Soldateska anlasten, aber das ist nicht möglich. Die französische Armee handelte nicht spontan und auf eigene Faust; ihre Untaten waren von oben befohlen und wurden später mit einer glänzenden Parade und reichem Ordenssegen belohnt.

Auch Thiers ist nicht der Alleinschuldige: Die Mehrheit der Nationalversammlung war noch blutrünstiger als der Regierungschef [...]. Nein, das Massaker an der Kommune war das Verbrechen einer ganzen Klasse; und obwohl es bei kaltem Blut begangen wurde, ist es nicht rational zu erklären, sondern nur psychologisch."[63]

An dieser Stelle irrt Haffner. Das Verbrechen an den KommunardInnen mag bei dem einzelnen Offizier der Regierungstruppen psychologisch begründet gewesen sein, war Ausdruck seines Hasses, dem er freien Lauf lassen konnte. Doch der Mord an sich war rational überlegt. Die herrschende Klasse Frankreichs wollte die Kom-

---

63 Haffner: S. 52

munardInnen in ihrem Blut ertränken, um das Proletariat der Hauptstadt seiner mutigsten und kämpferischsten Elemente zu berauben. Genauso wie man zahlreiche Straßenzüge noch nach Ende der Kämpfe in Schutt und Asche legte, um sie danach so zu verbreitern, dass der Bau von Barrikaden zukünftig erschwert werden würde.

Der Mord an den Föderierten sollte jeden weiteren Aufstandsversuch im Vorhinein verunmöglichen, einfach dadurch, dass das revolutionäre Personal vernichtet wurde.

Was bleibt?

„Das Deutsche Reich hat fünfundsiebzig Jahre bestanden; die Pariser Kommune nur zweiundsiebzig Tage. Aber nach hundert Jahren ist das deutsche Kaiserreich, das in Versailles proklamiert wurde, unwiederbringliche Vergangenheit, die Pariser Kommune immer noch unheimlich lebendige Gegenwart. Sie ist die Inspiration fast aller Revolutionen gewesen, die das 20.Jahrhundert erschüttert haben."

Sebastian Haffner: „Die Pariser Kommune", S. 15

Zum fünfzigsten Jahrestag der Pariser Kommune verlegten die Bolschewiki eine Textsammlung mit verschiedenen Studien der Pariser Ereignisse des Jahres 1871. Besonders ein Autor stach dabei hervor, sein Name war Lavrov. Er war ähnlich wie Prosper Lissagaray, seinerzeit in Paris gewesen und hatte am Kampf der ArbeiterInnen in der Hauptstadt teilgenommen. Obwohl Lavrov politisch eher der Strömung der linken Sozialrevolutionäre zuzuordnen war, ähnelten seine Lehren aus dem gescheiterten Aufstand doch in überraschender Weise denen Lenins und Trotzkis. Überraschend klar sah er schon kurz nach der Niederlage der KommunardInnen die Gründe für den Untergang des revolutionären Paris.

Ihm war klar, dass Revolutionen vielleicht unerwartet ausbrechen, aber gleichzeitig die Sozialisten alles zur Vorbereitung solcher Ereignisse tun müssen. „Es genügt nicht, energisch und der Sache hingegeben zu sein: man muss bereit sein."[64] Für Lavrov, für den die Niederlage der Kommune zu großen Teilen im Fehlverhalten der französischen Sektion der IAA begründet war, bedeutete dies vor allem zwingend die Schaffung einer revolutionären Organisation. „Gewöhnlich ist es zu spät, wenn man beginnt, die Partei im Kugelregen des Geg-

---

64 Lavrov: S. 172

ners zu organisieren, während stürmische Schlachten auf den Plätzen toben, in einer Zeit der Zusammenstöße mit anderen fertigen und organisierten Parteien; die Sozialisten der Kommune von 1871 sind hauptsächlich deshalb zu Schaden gekommen."[65]

Das Fehlen einer wirklich revolutionären Kraft, die die Herausforderungen der Zeit erkannt hat, führt vorrangig dazu, dass niemand in der Lage ist, ein Programm aufzustellen, welches die nächsten Schritte aufzeigen könnte. Doch genau daran mangelte es im kämpfenden Paris des Jahres 1871. Die Unterschätzung der Bedeutung der Eigentumsfrage, die Unklarheit bezüglich eines Angriffs auf Versailles resultierten aus der Übermacht der Jakobiner, die wiederum in der Schwäche der IAA ihre Ursache hatte. Die Jakobiner, „[…] die ein fertiges Aktionsprogramm hatten, ein unbrauchbares allerdings, denn es schöpfte alle seine Erfahrungen aus der Tradition des Konvents, der die ökonomischen Fragen der neuen Zeit […] vollkommen fernlagen […]", schlugen Maßnahmen vor.[66] Die Sozialisten beschränkten sich oft genug darauf, diese Maßnahmen öffentlich zu kritisieren. In revolutionären Situationen ist allein das aber bedeutend zu wenig. „Man kann an dieser Stelle noch hinzufügen, dass diejenigen, die die Revolution propagieren, die moralische Verpflichtung haben, nicht nur zur Revolution aufzurufen und auf ihre fernen Ziele zu verweisen, sondern auch frühzeitig an einem bestimmten Plan festzuhalten, was im Augenblick einer erfolgreichen Revolution zu machen ist."[67]

Diese Punkte, die Frage des Aufbaus einer revolutionären Partei, die Erarbeitung eines Programms für die Revolution und die Abschaffung des Privateigentums an Produktionsmitteln bilden Lavrovs Hauptlehren aus der Pariser Kommune.

Der Aufbau einer revolutionären Partei war es auch, der die gesamte revolutionäre Linke in Folge der Erfahrungen von Paris beschäftigte. Er vollzog sich nicht selten im Rahmen von Fraktionsarbeit und Fraktionskämpfen in größeren linken Organisationen. Die „Spartakusgruppe" von Rosa Luxemburg innerhalb der SPD und die „Bolschewiki" Lenins innerhalb der SDAPR (Sozialdemokratische Arbeiterpartei Russlands) waren Versuche marxistische Revolutionäre in linken Gruppierungen auf der Grundlage eines sozialistischen Programms zu sammeln und zu formieren.

Auch hierin sieht man Lenins Begeisterung für die KommunardInnen und seine Bereitschaft die Erfahrungen der „großen 72 Tage"

---

65 Lavrov: S. 172
66 Lavrov: S. 173
67 Lavrov: S. 103

auf die Herausforderungen seiner Zeit anzuwenden. Selbst Kämpfer wie Varlin stellten sich tragischer Weise nicht der Aufgabe, die marxistische Minderheit innerhalb der Internationalen Arbeiterassoziation zu sammeln und aktiv Fraktionsarbeit zu leisten. Für den Fortgang der Ereignisse im Paris des Jahres 1871 eine schwere Hypothek. Lenin stellte sich im Wissen darum immer wieder dieser Aufgabe, agierte häufig aus einer Minderheitenposition heraus und stritt um die Mehrheit. Bis heute gibt er damit ein bedeutendes Beispiel für die Arbeit von MarxistInnen in breiteren linken Formationen und er zeigt, dass man selbst in der eigenen Organisation in die Situation geraten kann, Fraktionsarbeit leisten zu müssen, um revolutionäre Politik zu betreiben.

Wenn man sich fragt, was vom heldenhaften Kampf der KommunardInnen geblieben ist, dann muss man sich dringend vor Augen führen, dass diese Lehren bereits zum Einmaleins von Lenin und Trotzki gehörten und den Sieg der Bolschewiki im Oktober 1917 erst ermöglichten. Beide sahen Sowjetrussland als Kommune von 1917 und überlebende KommunardInnen erwiderten dieses Gefühl. Als die Bolschewiki die Macht ergriffen, um sie an die Sowjets und die Arbeiterklasse und armen Bäuerinnen und Bauern zu übergeben, reiste eine Abordnung alter Kommunekämpfer, die das Massaker vom Mai überlebt hatte nach Petrograd, um den KommunardInnen von 1917 eine rote Fahne aus dem Paris des Jahres 1871 zu überreichen. Weit davon entfernt den Geschehnissen in Sowjetrussland kritiklos gegenüberzustehen, waren sie sich doch darüber im Klaren, dass die Bolschewiki ihr Werk fortsetzten.

Trotz zahlreicher Gemeinsamkeiten zwischen Lavrov und Lenin in ihrer Analyse der Pariser Kommune unterschieden sie sich dennoch in wesentlichen Punkten. Lavrov war sich zwar über die Bedeutung des politischen Kampfes der Arbeiterklasse im Klaren. Unzweifelhaft räumte er jedoch dem ökonomischen Kampf die höhere Priorität ein. Lenin erkannte, dass die Arbeiterklasse sich dem politischen Kampf stellen muss, um die Macht tatsächlich zu übernehmen und die ökonomische Umgestaltung zu ermöglichen.

Das revolutionäre Paris war Zeit seines kurzen Bestehens von den Bäuerinnen und Bauern, auch von den armen LandarbeiterInnen, isoliert. Auf dem dritten gesamtrussischen Kongress der Arbeiter-, Soldaten- und Bauerndeputierten bedauerte Lenin das Schicksal der KommunardInnen mit den Worten „das Land verstand sie nicht."[68] Genau das war Lenins Alpdruck, den er mit der Formel des Bündnisses von ArbeiterInnen und Bäuerinnen und Bauern unter prole-

---

68 Lenin: „Bericht über die Tätigkeit der Volkskommissare", S. 115

tarischer Führung zu überwinden gedachte.

Lenins Politik war die entscheidende Vorbedingung des „roten Oktobers", des Sieges der zweiten Kommune, deren Tragik darin bestand, von einem inneren Feind vernichtet zu werden. Stalins Terror kostete weit mehr sowjetischen KommunardInnen das Leben als Thiers und Mac-Mahons Terror von den französischen KommunardInnen forderte.

Doch die Pariser Kommune war nicht einfach nur eine Geschichte des Scheiterns. Ihre Lehren waren noch nie rein negativer Natur, nach dem Motto: Die Kommune von Paris zeigt uns wie man es nicht machen darf. Die KommunardInnen zeigten beispielhaft und herausragend, wie schnell sich Bewusstsein entwickeln kann. Und nicht nur das. Hunderttausende, die bis zum 17. März 1871 unter dem Druck der materiellen Not nur an das Überleben des angebrochenen Tages dachten, überlegten nur einen Tag später, wie sie ein revolutionäres Gemeinwesen organisieren sollten. Sie stellten ganz offen die Machtfrage und obwohl sie sich noch nie mit derartigen Fragen beschäftigt hatten, organisierten sie das Überleben einer Millionenstadt: Verpflegung, Medizin, Post, Verkehr, Kultur – alles lief reibungslos, oder wenigstens den Umständen entsprechend gut ab. Unter Kriegsbedingungen, von aller Welt angefeindet, machten sie ihre Arbeit besser als jeder bürgerliche Beamtenstaat.

Man darf Lavrovs Worte nicht vergessen: „Sie waren nicht bereit [...]."[69] Die ganze revolutionäre Linke war auf die Erhebung des 18. März nicht vorbereitet und dennoch zeitigten die großen 72 Tage der Kommune von Paris für die Armen und die ArbeiterInnen ungeahnte Verbesserungen ihres Lebens. Man kann nur mutmaßen was geschehen wäre, wenn die KommunardInnen vorbereitet gewesen wären. Dass sie es nicht waren, lag nicht zuletzt an den Sozialisten in der IAA, deren Politik zu zaghaft, zu zögerlich und nicht selten im offenen Widerspruch zu den Ideen der Vordenker Marx und Engels verlief.

Als man die KommunardInnen niedermetzelte, hofften die Herrschenden in Frankreich, dass mit diesem Akt der Unmenschlichkeit jedes Nachdenken über die Frage, wie man die bürgerliche Ordnung beseitigen könnte und durch was sie zu ersetzen sei, verschwinden würde. Doch der französischen Bourgeoisie gelang es nicht den Traum von einem Leben in Freiheit zu vernichten. In ihrem letzten Artikel schrieb Rosa Luxemburg 1919: „Die Revolution wird sich morgen schon rasselnd wieder in die Höh' richten und zu eurem Schrecken mit Posaunenklang verkünden: Ich war, ich bin,

---

69 Lavrov: S. 172

ich werde sein!" Sie schrieb über eine andere bittere Niederlage, doch was sie sagte, traf den Kern der Sache: Solange Menschen existieren, solange kämpfen sie für eine bessere Zukunft. Dieses Erbe ist integraler Bestandteil der menschlichen Gesellschaft, auch 140 Jahre nach der Pariser Kommune. Im Angesicht von Millionen Menschen weltweit, die Hunger leiden, von einer steigenden Rate von armen Kindern in Deutschland, im Angesicht von Kriegen und Umweltzerstörung müssen uns die Kommune von Paris, die erste Schlacht um die Zukunft der Menschheit, lebendige Mahnung und die Lehren, die Menschen wie Lavrov, Marx, Lenin und Trotzki aus den Ereignissen zogen, Anleitung zum Handeln sein.

Anhang

Engels: Einleitung zu der Bürgerkrieg in Frankreich[70]

Die Aufforderung, die Adresse des internationalen Generalrats über den **Bürgerkrieg in Frankreich** neu herauszugeben und mit einer Einleitung zu begleiten, kam mir unerwartet. Ich kann daher hier nur kurz die wesentlichsten Punkte berühren.

Ich schicke der obigen längeren Arbeit die beiden kürzeren Ansprachen des Generalrats über den Deutsch-Französischen Krieg voraus. Einmal, weil auf die zweite, die selbst ohne die erste nicht durchweg verständlich, im **Bürgerkrieg** verwiesen wird. Dann aber, weil diese beiden ebenfalls von Marx verfassten Ansprachen nicht minder als der **Bürgerkrieg** hervorragende Probestücke sind von der wunderbaren, zuerst im **18. Brumaire des Louis Bonaparte** bewährten Gabe des Verfassers, den Charakter, die Tragweite und die notwendigen Folgen großer geschichtlicher Ereignisse klar zu erfassen, zur Zeit, wo diese Ereignisse sich noch vor unsern Augen abspielen oder erst eben vollendet sind. Und endlich, weil wir in Deutschland noch heute unter den von Marx vorausgesagten Folgen jener Ereignisse zu leiden haben.

Oder ist es nicht eingetroffen, was die erste Ansprache sagt, dass, wenn der Verteidigungskrieg Deutschlands gegen Louis Bonaparte ausarte in einen Eroberungskrieg gegen das französische Volk, alles Unglück, das auf Deutschland fiel nach den sogenannten Befreiungskriegen, wieder aufleben werde mit erneuter Heftigkeit? Haben wir nicht weitere zwanzig Jahre Bismarckherrschaft gehabt, statt der Demagogenverfolgungen das Ausnahmegesetz und die Sozialistenhetze, mit derselben Polizeiwillkür, mit buchstäblich derselben haarsträubenden Gesetzauslegung?

Und hat sich nicht buchstäblich bewährt die Voraussage, dass die Annexion Elsass-Lothringens „Frankreich in die Arme Russlands hineinzwingen" werde, und dass nach dieser Annexion Deutschland entweder der offenkundige Knecht Russlands werden oder sich nach kurzer Rast zu einem neuen Krieg rüsten müsse, und zwar „zu einem Racenkrieg gegen die verbündeten Racen der Slawen und Romanen"? Hat nicht die Annexion der französischen Provinzen Frankreich in die Arme Russlands getrieben? Hat nicht Bismarck

---

70 Friedrich Engels, „Einleitung zu der Bürgerkrieg in Frankreich", geschrieben 1891, Berlin: Dietz Verlag Berlin, 1980. Hervorhebungen im Original.

volle zwanzig Jahre vergebens um die Gunst des Zaren gebuhlt, gebuhlt mit Diensten noch niedriger, als sie das kleine Preußen, ehe es
„erste Großmacht Europas" geworden, dem heiligen Russland zu
Füßen zu legen gewohnt war? Und hängt nicht noch tagtäglich über
unserm Haupte das Damoklesschwert eines Kriegs, an dessen ers-
tem Tag alle verbrieften Fürstenbündnisse zerstieben werden wie
Spreu, eines Kriegs, von dem nichts gewiss ist als die absolute Ungewissheit seines Ausgangs, eines Racenkriegs, der ganz Europa der
Verheerung durch fünfzehn oder zwanzig Millionen Bewaffneter
unterwirft, und der nur deswegen nicht schon wütet, weil selbst
dem stärksten der großen Militärstaaten vor der totalen Unbere-
chenbarkeit des Endresultats bangt?

Um so mehr ist es Pflicht, diese halbvergessenen glänzenden Belege
der Fernsicht der internationalen Arbeiterpolitik von 1870 den
deutschen Arbeitern wieder zugänglich zu machen.

Was von diesen beiden Ansprachen, gilt auch von der über den
Bürgerkrieg in Frankreich. Am 28. Mai erlagen die letzten Kommunekämpfer der Übermacht auf den Abhängen von Belleville,
und schon zwei Tage später, am 30., las Marx dem Generalrat die
Arbeit vor, worin die geschichtliche Bedeutung der Pariser Kommune in kurzen, kräftigen, aber so scharfen und vor allem so wahren
Zügen dargestellt ist, wie dies in der gesamten massenhaften Literatur über den Gegenstand nie wieder erreicht worden.

Dank der ökonomischen und politischen Entwicklung Frankreichs
seit 1789 ist Paris seit fünfzig Jahren in die Lage versetzt, dass dort
keine Revolution ausbrechen konnte, die nicht einen proletarischen
Charakter annahm, derart, dass das Proletariat, das den Sieg mit seinem Blut erkauft, mit eignen Forderungen nach dem Sieg auftrat.
Diese Forderungen waren mehr oder weniger unklar und selbst ver-
worren, je nach dem jedesmaligen Entwicklungsstand der Pariser
Arbeiter; aber schließlich liefen sie alle hinaus auf Beseitigung des
Klassengegensatzes zwischen Kapitalisten und Arbeitern. Wie das
geschehen sollte, das wusste man freilich nicht. Aber die Forderung
selbst, so unbestimmt sie auch noch gehalten war, enthielt eine Gefahr für die bestehende Gesellschaftsordnung; die Arbeiter, die sie
stellten, waren noch bewaffnet; für die am Staatsruder befindlichen
Bourgeois war daher Entwaffnung der Arbeiter erstes Gebot. Daher nach jeder durch die Arbeiter erkämpften Revolution ein neuer
Kampf, der mit der Niederlage der Arbeiter endigt.

Das geschah zum ersten mal 1848. Die liberalen Bourgeois der par-
lamentarischen Opposition hielten Reformbankette ab zur Durchsetzung der Wahlreform, die ihrer Partei die Herrschaft sichern soll-

te. Im Kampf mit der Regierung mehr und mehr gezwungen, ans Volk zu appellieren, mussten sie den radikalen und republikanischen Schichten der Bourgeoisie und des Kleinbürgertums allmählich den Vortritt gestatten. Aber hinter diesen standen die revolutionären Arbeiter, und diese hatten seit 1830 weit mehr politische Selbständigkeit sich angeeignet, als die Bourgeois und selbst die Republikaner ahnten. Im Moment der Krisis zwischen Regierung und Opposition eröffneten die Arbeiter den Straßenkampf; Louis-Philippe verschwand, die Wahlreform mit ihm, an ihrer Stelle erstand die Republik, und zwar eine von den siegreichen Arbeitern selbst als „soziale" bezeichnete Republik. Was unter dieser sozialen Republik zu verstehen sei, darüber war aber niemand im klaren, auch die Arbeiter selbst nicht. Aber sie hatten jetzt Waffen und waren eine Macht im Staat. Sobald daher die am Ruder befindlichen Bourgeoisrepublikaner einigermaßen festen Boden unter den Füßen spürten, war ihr erstes Ziel, die Arbeiter zu entwaffnen. Dies geschah, indem man sie durch direkten Wortbruch, durch offnen Hohn und den Versuch, die Unbeschäftigten in eine entlegne Provinz zu verbannen, in den Aufstand vom Juni 1848 hineinjagte. Die Regierung hatte für eine erdrückende Übermacht gesorgt. Nach fünftägigem heroischem Kampf erlagen die Arbeiter. Und jetzt folgte ein Blutbad unter den wehrlosen Gefangnen, wie ein gleiches nicht gesehen worden seit den Tagen der Bürgerkriege, die den Untergang der römischen Republik einleiteten. Es war das erste Mal, dass die Bourgeoisie zeigte, zu welcher wahnsinnigen Grausamkeit der Rache sie aufgestachelt wird, sobald das Proletariat es wagt, ihr gegenüber als aparte Klasse mit eignen Interessen und Forderungen aufzutreten. Und doch war 1848 noch ein Kinderspiel gegen ihr Wüten von 1871.

Die Strafe folgte auf dem Fuß. Konnte das Proletariat noch nicht Frankreich regieren, so konnte die Bourgeoisie es schon nicht mehr. Wenigstens damals nicht, wo sie der Mehrzahl nach noch monarchisch gesinnt und in drei dynastische Parteien und eine vierte republikanische gespalten war. Ihre innern Zänkereien erlaubten dem Abenteurer Louis Bonaparte, alle Machtposten – Armee, Polizei, Verwaltungsmaschinerie – in Besitz zu nehmen und am 2. Dezember 1851 die letzte feste Burg der Bourgeoisie, die Nationalversammlung, zu sprengen. Das zweite Kaiserreich begann die Ausbeutung Frankreichs durch eine Bande politischer und finanzieller Abenteurer, aber zugleich auch eine industrielle Entwicklung, wie sie unter dem engherzigen und ängstlichen System Louis-Philippes, bei der ausschließlichen Herrschaft eines nur kleinen Teils der großen Bourgeoisie, nie möglich war. Louis Bonaparte nahm den Kapitalisten ihre politische Macht unter dem Vorwand, sie, die Bourgeois, gegen die Arbeiter zu schützen, und wiederum die Arbeiter gegen sie; aber dafür begünstigte seine Herrschaft die Spekulation und die industrielle Tätigkeit, kurz, den Aufschwung und die Bereicherung der gesamten Bourgeoisie in bisher unerhörtem Maß. In noch weit größerm Maß allerdings entwickelte sich die Korruption und der Massendiebstahl, die sich um den kaiserlichen Hof gruppierten und von dieser Bereicherung ihre starken Prozente zogen.

Aber das zweite Kaiserreich, das war der Appell an den französischen Chauvinismus, das war die Rückforderung der 1814 verlorenen Grenzen des ersten Kaiserreichs, mindestens derjenigen der ersten Republik. Ein französisches Kaiserreich in den Grenzen der alten Monarchie, ja sogar in den noch mehr beschnittenen von 1815, das war auf die Dauer eine Unmöglichkeit. Daher die Notwendigkeit zeitweiliger Kriege und Grenzerweiterungen. Aber keine Grenzerweiterung blendete so sehr die Phantasie französischer Chauvinisten wie die des deutschen linken Rheinufers. Eine Quadratmeile am Rhein galt mehr bei ihnen als zehn in den Alpen oder sonst wo. Gegeben das zweite Kaiserreich, war die Rückforderung des linken Rheinufers, auf einmal oder stückweise, nur eine Frage der Zeit. Diese Zeit kam mit dem Preußisch-Österreichischen Krieg von 1866; durch Bismarck und durch seine eigne überschlaue Zauderpolitik um die erwartete „Gebietsentschädigung" geprellt, blieb dem Bonaparte nun nichts mehr als der Krieg, der 1870 ausbrach und ihn nach Sedan und von da nach Wilhelmshöhe verschlug.

Die notwendige Folge war die Pariser Revolution vom 4. September 1870. Das Kaiserreich klappte zusammen wie ein Kartenhaus, die Republik wurde wieder proklamiert. Aber der Feind stand vor den Toren; die Armeen des Kaiserreichs waren entweder in Metz hoffnungslos eingeschlossen oder in Deutschland gefangen. In dieser Not erlaubte das Volk den Pariser Deputierten zum ehemaligen gesetzgebenden Körper, sich als „Regierung der nationalen Verteidigung" aufzutun. Man gab dies um so eher zu, als jetzt zum Zweck der Verteidigung alle waffenfähigen Pariser in die Nationalgarde eingetreten und bewaffnet waren, so daß nun die Arbeiter die große Mehrzahl bildeten. Aber schon bald kam der Gegensatz zwischen der fast nur aus Bourgeois bestehenden Regierung und dem bewaffneten Proletariat zum Ausbruch. Am 31 .Oktober stürmten Arbeiterbataillone das Stadthaus und nahmen einen Teil der Regierungsmitglieder gefangen; Verrat, direkter Wortbruch der Regierung und die Dazwischenkunft einiger Spießbürgerbataillone befreiten sie wieder, und um nicht den Bürgerkrieg im Innern einer von fremder Kriegsmacht belagerten Stadt aufflammen zu machen, beließ man die bisherige Regierung im Amt.

Endlich, am 28. Januar 1871, kapitulierte das ausgehungerte Paris. Aber mit bisher in der Kriegsgeschichte unerhörten Ehren. Die Forts wurden übergeben, der Ringwall entwaffnet, die Waffen der Linie und Mobilgarde ausgeliefert, sie selbst als Kriegsgefangene betrachtet. Aber die Nationalgarde behielt ihre Waffen und Kanonen und trat nur in Waffenstillstand gegen die Sieger. Und diese selbst wagten nicht, in Paris im Triumph einzuziehen. Nur ein kleines, obendrein teilweise aus öffentlichen Parks bestehendes Eckchen von Paris wagten sie zu besetzen, und auch dies nur für ein paar Tage! Und während dieser Zeit waren sie, die Paris 131 Tage lang umzingelt gehalten hatten, selbst umzingelt von den bewaffneten Pariser Arbeitern, die sorgsam wachten, dass kein „Preuße" die engen Grenzen des dem fremden Eroberer überlassenen Winkels überschritt. Solchen Respekt flößten die Pariser Arbeiter dem Heere ein, vor welchem sämtliche Armeen des Kaiserreichs die Waffen gestreckt; und die preußischen Junker, die hergekommen waren, um Rache zu nehmen am Herd der Revolution, mussten ehrerbietig stehnbleiben und salutieren vor eben dieser bewaffneten Revolution!

Während des Kriegs hatten die Pariser Arbeiter sich darauf beschränkt, die energische Fortsetzung des Kampfs zu fordern. Aber jetzt, als nach der Kapitulation von Paris der Friede zustande kam, jetzt musste Thiers, das neue Oberhaupt der Regierung, einsehn, dass die Herrschaft der besitzenden Klassen – großer Grundbesitzer und Kapitalisten – in steter Gefahr schwebe, solange die Pariser Arbeiter die Waffen in der Hand behielten. Sein erstes Werk war der Versuch ihrer Entwaffnung. Am 18. März sandte er Linientruppen mit dem Befehl, die der Nationalgarde gehörige, während der Belagerung von Paris angefertigte und durch öffentliche Subskription bezahlte Artillerie zu rauben. Der Versuch schlug fehl, Paris rüstete sich wie ein Mann zur Gegenwehr, und der Krieg zwischen Paris und der in Versailles sitzenden französischen Regierung war erklärt. Am 26. März wurde die Pariser Kommune erwählt und am 28. proklamiert. Das Zentralkomitee der Nationalgarde, das bisher die Regierung geführt, dankte in ihre Hände ab, nachdem es noch zuvor die Abschaffung der skandalösen Pariser „Sittenpolizei" dekretiert hatte. Am 30. schaffte die Kommune die Konskription und die stehende Armee ab und erklärte die Nationalgarde, zu der alle waffenfähigen Bürger gehören sollten, für die einzige bewaffnete Macht; sie erließ alle Wohnungsmietsbeträge vom Oktober 1870 bis zum April, unter Anrechnung der bereits bezahlten Beträge auf künftige Mietszeit, und stellte alle Verkäufe von Pfändern im städtischen Leihhaus ein. Am selben Tage wurden die in die Kommune gewählten Ausländer in ihrem Amt bestätigt, da die „Fahne der Kommune die der Weltrepublik ist". – Am 1 .April beschlossen, das höchste Gehalt eines bei der Kommune Angestellten, also auch ihrer Mitglieder selbst, dürfe 6.000 Franken (4.800 Mark) nicht übersteigen. Am folgenden Tage wurde die Trennung der Kirche vom Staat und die Abschaffung aller staatlichen Zahlungen für religiöse Zwecke sowie die Umwandlung aller geistlichen Güter in Nationaleigentum dekretiert; infolge davon wurde am 8. April die Verbannung aller religiösen Symbole, Bilder, Dogmen, Gebete, kurz, „alles dessen, was in den Bereich des Gewissens jedes einzelnen gehört", aus den Schulen befohlen und allmählich durchgeführt. – Am 5. wurde, gegenüber der täglich erneuerten Erschießung von gefangnen Kommunekämpfern durch die Versailler Truppen, ein Dekret wegen Verhaftung von Geiseln erlassen, aber nie durchgeführt. – Am 6. wurde die Guillotine durch das 137. Bataillon der Nationalgarde herausgeholt und unter lautem Volksjubel öffentlich verbrannt. – Am 12. beschloß die Kommune, die nach dem Krieg von 1809 von Napoleon aus eroberten Kanonen gegossene Siegessäule des Vendôme-Platzes als Sinnbild des Chauvinismus und der Völkerverhetzung umzustürzen. Dies wurde am 16. Mai ausgeführt. – Am 16. April ordnete die Kommune eine statistische Aufstellung der von den Fabrikanten stillgesetzten Fabriken an und die Ausarbeitung von Plänen für den Betrieb dieser Fabriken durch die in Kooperativgenossenschaften zu vereinigenden, bisher darin beschäftigten Arbeiter, sowie für eine Organisation dieser Genossenschaften zu einem großen Verband. – Am 20. schaffte sie die Nachtarbeit der Bäcker ab wie auch den seit dem zweiten Kaiserreich durch polizeilich ernannte Subjekte – Arbeiterausbeuter ersten Rangs – als Monopol betriebnen Arbeitsnachweis; dieser wurde den Mairien der zwanzig Pariser Arrondissements überwiesen. – Am 30. April befahl sie die Aufhebung der Pfandhäuser, welche eine Privatexploitation der Arbeiter seien und im Widerspruch ständen mit dem Recht der Arbeiter auf ihre Arbeitsinstrumente und auf Kredit. – Am 5. Mai beschloss sie die Schleifung der als Sühne für die Hinrichtung Ludwigs XVI. errichteten Bußkapelle.

So trat seit dem 18. März der bisher durch den Kampf gegen die fremde Invasion in den Hintergrund gedrängte Klassencharakter der Pariser Bewegung scharf und rein hervor. Wie in der Kommune fast nur Arbeiter oder anerkannte Arbeitervertreter saßen, so trugen auch ihre Beschlüsse einen entschieden proletarischen Charakter. Entweder dekretierten sie Reformen, die die republikanische Bourgeoisie nur aus Feigheit unterlassen hatte, die aber für die freie Aktion der Arbeiterklasse eine notwendige Grundlage bildeten, wie die Durchführung des Satzes, dass *dem Staat gegenüber* die Religion bloße Privatsache sei; oder sie erließ Beschlüsse direkt im Interesse der Arbeiterklasse und teilweise tief einschneidend in die alte Gesellschaftsordnung. Alles das konnte aber, in einer belagerten Stadt, höchstens einen Anfang von Verwirklichung erhalten. Und von Anfang Mai an nahm der Kampf gegen die immer zahlreicher versammelten Heeresmassen der Versailler Regierung alle Kräfte in Anspruch.

Am 7. April hatten die Versailler sich des Übergangs über die Seine bei Neuilly, auf der Westfront vor, Paris, bemächtigt; dagegen wurden sie am 11. bei einem Angriff auf die Südfront von General Eudes mit blutigen Köpfen zurückgeschlagen. Paris wurde fortwährend bombardiert, und zwar von denselben Leuten, die das Bombardement derselben Stadt durch die Preußen als eine Heiligtumsschändung gebrandmarkt hatten. Diese selben Leute bettelten nun bei der preußischen Regierung um schleunige Rücksendung der gefangnen französischen Soldaten von Sedan und Metz, die ihnen Paris zurückerobern sollten. Das allmähliche Eintreffen dieser Truppen gab den Versaillern von Anfang Mai an entschiednes Übergewicht. Dies zeigte sich schon, als am 23. April Thiers die Unterhandlungen abbrach wegen des von der Kommune angebotnen Austausches des Erzbischofs von Paris |Darboy| und einer ganzen Reihe andrer als Geiseln in Paris festgehaltenen Pfaffen gegen den einzigen Blanqui, der zweimal in die Kommune gewählt, aber in Clairvaux gefangen war. Und noch mehr in der veränderten Sprache von Thiers; bisher hinhaltend und doppelzüngig, wurde er jetzt plötzlich frech, drohend, brutal. Auf der Südfront nahmen die Versailler am 3. Mai die Redoute von Moulin-Saquet, am 9. das vollständig in Trümmer geschossene Fort von Issy, am 14. das von Vanves. Auf der Westfront rückten sie allmählich, die zahlreichen, bis an die Ringmauer sich erstreckenden Dörfer und Gebäude erobernd, bis an den Hauptwall selbst vor; am 21. gelang es ihnen, durch Verrat und infolge von Nachlässigkeit der hier aufgestellten Nationalgarde, in die Stadt einzudringen. Die Preußen, die die nördlichen und östlichen Forts besetzt hielten, erlaubten den Versaillern, über das ihnen durch den Waffenstillstand verbotne Terrain im Norden der Stadt vorzudringen und dadurch angreifend vorzugehn auf einer langen Front, die die Pariser durch den Waffenstillstand gedeckt glauben mussten und daher nur schwach besetzt hielten. Infolge hiervon war der Widerstand in der westlichen Hälfte von Paris, in der eigentlichen Luxusstadt, nur schwach; er wurde heftiger und zäher, je mehr die eindringenden Truppen sich der Osthälfte, der eigentlichen Arbeiterstadt, näherten. Erst nach achttägigem Kampf erlagen die letzten Verteidiger der Kommune auf den Höhen von Belleville und Ménilmontant, und nun erreichte das Morden wehrloser Männer, Weiber und Kinder, das die ganze Woche hindurch in steigendem Maße gewütet, seinen Höhepunkt. Der Hinterlader tötete nicht mehr rasch genug, zu Hunderten wurden die Besiegten mit Mitrailleusen zusammengeschossen. Die „Mauer der Föderierten" auf dem Kirchhof Père-Lachaise, wo der letzte Massenmord vollzogen, steht noch heute, ein stumm-beredtes Zeugnis, welcher Raserei die herrschende Klasse fähig ist, sobald das Proletariat es wagt, für sein Recht einzutreten. Dann kamen die Massenverhaftungen, als die Abschlachtung aller sich als unmöglich erwies, die Erschießung von willkürlich aus den Reihen der Gefangnen herausgesuchten Schlachtopfern, die Abführung des Restes in große Lager, wo sie der Vorführung vor die Kriegsgerichte harrten. Die preußischen Truppen, die die Nordosthälfte von Paris umlagerten, hatten Befehl, keine Flüchtlinge durchzulassen, doch drückten die Offiziere oft ein Auge zu, wenn die Soldaten dem Gebot der Menschlichkeit mehr gehorchten als dem des Oberkommandos; namentlich aber gebührt dem sächsischen Armeekorps der Ruhm, dass es sehr human verfuhr und viele durchließ, deren Eigenschaft als Kommunekämpfer augenscheinlich war.

Schauen wir heute, nach zwanzig Jahren, zurück auf die Tätigkeit und die geschichtliche Bedeutung der Pariser Kommune von 1871, so werden wir finden, dass zu der im **Bürgerkrieg in Frankreich** gegebnen Darstellung noch einige Zusätze zu machen sind.

Die Mitglieder der Kommune spalteten sich in eine Majorität, die Blanquisten, die auch im Zentralkomitee der Nationalgarde vorgeherrscht hatten, und eine Minorität: die vorwiegend aus Anhängern der Proudhonschen sozialistischen Schule bestehenden Mitglieder der Internationalen Arbeiterassoziation. Die Blanquisten waren damals, der großen Masse nach, Sozialisten nur aus revolutionärem, proletarischem Instinkt; nur wenige waren durch Vaillant, der den deutschen wissenschaftlichen Sozialismus kannte, zu größerer prinzipieller Klarheit gelangt. So begreift es sich, dass in ökonomischer

Beziehung manches unterlassen wurde, was nach unsrer heutigen Anschauung die Kommune hätte tun müssen. Am schwersten begreiflich ist allerdings der heilige Respekt, womit man vor den Toren der Bank von Frankreich ehrerbietig stehnblieb. Das war auch ein schwerer politischer Fehler. Die Bank in den Händen der Kommune – das war mehr wert als zehntausend Geiseln. Das bedeutete den Druck der ganzen französischen Bourgeoisie auf die Versailler Regierung im Interesse des Friedens mit der Kommune. Was aber noch wunderbarer, das ist das viele Richtige, das trotzdem von der aus Blanquisten und Proudhonisten zusammengesetzten Kommune getan wurde. Selbstverständlich sind für die ökonomischen Dekrete der Kommune, für ihre rühmlichen wie für ihre unrühmlichen Seiten, in erster Linie die Proudhonisten verantwortlich, wie für ihre politischen Handlungen und Unterlassungen die Blanquisten. Und in beiden Fällen wollte es die Ironie der Geschichte – wie gewöhnlich, wenn Doktrinäre ans Ruder kommen –, dass die einen wie die andern das Gegenteil von dem taten, was ihre Schuldoktrin vorschrieb.

Proudhon, der Sozialist des Kleinbauern und des Handwerksmeisters, hasste die Assoziation mit einem positiven Hass. Er sagte von ihr, sie schließe mehr Schlimmes als Gutes ein, sie sei von Natur unfruchtbar, sogar schädlich, weil eine der Freiheit des Arbeiters angelegte Fessel; sie sei ein pures Dogma, unproduktiv und lästig, im Widerstreit so mit der Freiheit des Arbeiters wie mit der Ersparung von Arbeit, und ihre Nachteile wüchsen rascher als ihre Vorteile; ihr gegenüber seien Konkurrenz, Arbeitsteilung, Privateigentum ökonomische Kräfte. Nur für die Ausnahmefälle – wie Proudhon sie nennt – der großen Industrie und der großen Betriebskörper, z.B. Eisenbahnen – sei die Assoziation der Arbeiter am Platz. (S. **Idée générale de la révolution**, 3. étude.)

Und 1871 hatte die große Industrie selbst in Paris, dem Zentralsitz des Kunsthandwerks, schon so sehr aufgehört, ein Ausnahmefall zu sein, dass bei weitem das wichtigste Dekret der Kommune eine Organisation der großen Industrie und sogar der Manufaktur anordnete, die nicht nur auf der Assoziation der Arbeiter in jeder Fabrik beruhen, sondern auch alle diese Genossenschaften zu einem großen Verband vereinigen sollte; kurz, eine Organisation, die, wie Marx im **Bürgerkrieg** ganz richtig sagt, schließlich auf den Kommunismus, also auf das direkte Gegenteil der Proudhonschen Lehre hinauslaufen musste. Und daher war auch die Kommune das Grab der Proudhonschen Schule des Sozialismus. Diese Schule ist heute aus den französischen Arbeiterkreisen verschwunden; hier herrscht jetzt unbestritten, bei Possibilisten nicht minder als bei „Marxisten", die

Marxsche Theorie. Nur unter der „radikalen" Bourgeoisie gibt es noch Proudhonisten.

Nicht besser erging es den Blanquisten. Großgezogen in der Schule der Verschwörung, zusammengehalten durch die ihr entsprechende straffe Disziplin, gingen sie von der Ansicht aus, dass eine verhältnismäßig kleine Zahl entschloßner, wohlorganisierter Männer imstande sei, in einem gegebnen günstigen Moment das Staatsruder nicht nur zu ergreifen, sondern auch durch Entfaltung großer, rücksichtsloser Energie so lange zu behaupten, bis es ihr gelungen, die Masse des Volks in die Revolution hineinzureißen und um die führende kleine Schar zu gruppieren. Dazu gehörte vor allen Dingen strengste, diktatorische Zentralisation aller Gewalt in der Hand der neuen revolutionären Regierung. Und was tat die Kommune, die der Mehrzahl nach aus eben diesen Blanquisten bestand? In allen ihren Proklamationen an die Franzosen der Provinz forderte sie diese auf zu einer freien Föderation aller französischen Kommunen mit Paris, zu einer nationalen Organisation, die zum ersten mal wirklich durch die Nation selbst geschaffen werden sollte. Gerade die unterdrückende Macht der bisherigen zentralisierten Regierung, Armee, politische Polizei, Bürokratie, die Napoleon 1798 geschaffen und die seitdem jede neue Regierung als willkommnes Werkzeug übernommen und gegen ihre Gegner ausgenutzt hatte, gerade diese Macht sollte überall fallen, wie sie in Paris bereits gefallen war. Die Kommune musste gleich von vornherein anerkennen, dass die Arbeiterklasse, einmal zur Herrschaft gekommen, nicht fortwirtschaften könne mit der alten Staatsmaschine; dass diese Arbeiterklasse, um nicht ihrer eignen, erst eben eroberten Herrschaft wieder verlustig zu gehn, einerseits alle die alte, bisher gegen sie selbst ausgenutzte Unterdrückungsmaschinerie beseitigen, andrerseits aber sich sichern müsse gegen ihre eignen Abgeordneten und Beamten, indem sie diese, ohne alle Ausnahme, für jederzeit absetzbar erklärte. Worin bestand die charakteristische Eigenschaft des bisherigen Staats? Die Gesellschaft hatte zur Besorgung ihrer gemeinsamen Interessen, ursprünglich durch einfache Arbeitsteilung, sich eigne Organe geschaffen. Aber diese Organe, deren Spitze die Staatsgewalt, hatten sich mit der Zeit, im Dienst ihrer eignen Sonderinteressen, aus Dienern der Gesellschaft zu Herren über dieselbe verwandelt. Wie dies z.B. nicht bloß in der erblichen Monarchie, sondern ebenso gut in der demokratischen Republik zu sehn ist. Nirgends bilden die „Politiker" eine abgesondertere und mächtigere Abteilung der Nation als grade in Nordamerika. Hier wird jede der beiden großen Parteien, denen die Herrschaft abwechselnd zufällt, selbst wieder regiert von Leuten, die aus der Politik ein Geschäft machen, die auf Sitze in den gesetzgebenden Versammlungen des Bundes wie der Einzelstaaten spekulieren oder die von der Agitation für ihre Partei leben und nach deren Sieg durch Stellen belohnt werden. Es ist bekannt, wie die Amerikaner seit 30 Jahren versuchen, dies unerträglich gewordne Joch abzuschütteln, und wie sie trotz alledem immer tiefer in diesen Sumpf der Korruption hineinsinken. Gerade in Amerika können wir am besten sehn, wie diese Verselbständigung der Staatsmacht gegenüber der Gesellschaft, zu deren bloßem Werkzeug sie ursprünglich bestimmt war, vor sich geht. Hier existiert keine Dynastie, kein Adel, kein stehendes Heer, außer den paar Mann zur Bewachung der Indianer, keine Bürokratie mit fester Anstellung oder Pensionsberechtigung. Und dennoch haben wir hier zwei große Banden von politischen Spekulanten, die abwechselnd die Staatsmacht in Besitz nehmen und mit den korruptesten Mitteln und zu den korruptesten Zwecken ausbeuten – und die Nation ist ohnmächtig gegen diese angeblich in ihrem Dienst stehenden, in Wirklichkeit aber sie beherrschenden und plündernden zwei großen Kartelle von Politikern.

Gegen diese in allen bisherigen Staaten unumgängliche Verwandlung des Staats und der Staatsorgane aus Dienern der Gesellschaft in Herren der Gesellschaft wandte die Kommune zwei unfehlbare Mittel an. Erstens besetzte sie alle Stellen, verwaltende, richtende, lehrende, durch Wahl nach allgemeinem Stimmrecht der Beteiligten, und zwar auf jederzeitigen Widerruf durch dieselben Beteiligten. Und zweitens zahlte sie für alle Dienste, hohe wie niedrige, nur den Lohn, den andre Arbeiter empfingen. Das höchste Gehalt, das sie überhaupt zahlte, war 6.000 Franken. Damit war der Stellenjägerei und dem Strebertum ein sichrer Riegel vorgeschoben, auch ohne die gebundnen Mandate bei Delegierten zu Vertretungskörpern, die noch zum Überfluss hinzugefügt wurden.

Diese Sprengung der bisherigen Staatsmacht und ihre Ersetzung durch eine neue, in Wahrheit demokratische, ist im dritten Abschnitt des **Bürgerkriegs** eingehend geschildert. Es war aber nötig, hier nochmals kurz auf einige Züge derselben einzugehn, weil gerade in Deutschland der Aberglaube an den Staat aus der Philosophie sich in das allgemeine Bewusstsein der Bourgeoisie und selbst vieler Arbeiter übertragen hat. Nach der philosophischen Vorstellung ist der Staat die „Verwirklichung der Idee" oder das ins Philosophische übersetzte Reich Gottes auf Erden, das Gebiet, worauf die ewige Wahrheit und Gerechtigkeit sich verwirklicht oder verwirklichen soll. Und daraus folgt dann eine abergläubische Verehrung des

Staats und alles dessen, was mit dem Staat zusammenhängt, und die sich um so leichter einstellt, als man sich von Kindesbeinen daran gewöhnt hat, sich einzubilden, die der ganzen Gesellschaft gemeinsamen Geschäfte und Interessen könnten nicht anders besorgt werden, als wie sie bisher besorgt worden sind, nämlich durch den Staat und seine wohlbestallten Behörden. Und man glaubt schon einen ganz gewaltig kühnen Schritt getan zu haben, wenn man sich frei gemacht vom Glauben an die erbliche Monarchie und auf die demokratische Republik schwört. In Wirklichkeit aber ist der Staat nichts als eine Maschine zur Unterdrückung einer Klasse durch eine andre, und zwar in der demokratischen Republik nicht minder als in der Monarchie; und im besten Fall ein Übel, das dem im Kampf um die Klassenherrschaft siegreichen Proletariat vererbt wird und dessen schlimmste Seiten es ebenso wenig wie die Kommune umhin können wird, sofort möglichst zu beschneiden, bis ein in neuen, freien Gesellschaftszuständen herangewachsenes Geschlecht imstande sein wird, den ganzen Staatsplunder von sich abzutun.

Der deutsche Philister ist neuerdings wieder in heilsamen Schrecken geraten bei dem Wort: Diktatur des Proletariats. Nun gut, ihr Herren, wollt ihr wissen, wie diese Diktatur aussieht? Seht euch die Pariser Kommune an. Das war die Diktatur des Proletariats.

London, am zwanzigsten Jahrestag der Pariser Kommune, 18. März 1891

F. Engels

Lenin: Die Lehren der Kommune[71]

Nach dem Staatsstreich, der den Abschluß der Revolution von 1848 bildet, geriet Frankreich für 18 Jahre unter das Joch des Napoleonschen Regimes. Dieses Regime brachte dem Lande nicht nur wirtschaftlichen Ruin, sondern auch nationale Erniedrigung. Das Proletariat, das sich gegen das alte Regime erhob, übernahm zwei Aufgaben: eine gesamtnationale und eine Klassenaufgabe: Befreiung Frankreichs von der Invasion der Deutschen und sozialistische Befreiung der Arbeiter vom Kapitalismus. Diese Verbindung zweier Aufgaben ist das eigenartigste Merkmal der Kommune.

Die Bourgeoisie bildete damals eine 'Regierung der nationalen Verteidigung', und das Proletariat sollte unter der Leitung dieser Regierung für die gesamt-nationale Unabhängigkeit kämpfen. In Wirklichkeit aber war es eine Regierung des 'Volksverrats', die ihre Aufgabe in der Bekämpfung des Pariser Proletariats erblickte. Das Proletariat jedoch, von patriotischen Illusionen geblendet, sah dies nicht. Der patriotische Gedanke stammt noch aus der Zeit der Großen Französischen Revolution des 18. Jahrhunderts; er beherrschte den Geist der Sozialisten der Kommune, und Blanqui z. B., ein unzweifelhafter Revolutionär und feuriger Anhänger des Sozialismus fand für seine Zeitung keinen passenderen Namen als den bürgerlichen Alarmruf: 'Das Vaterland in Gefahr!'

In der Verbindung gegensätzlicher Aufgaben - des Patriotismus und des Sozialismus - lag der verhängnisvolle Fehler der französischen Sozialisten. Bereits im Manifest der Internationale, September 1870, warnte Marx das französische Proletariat vor der Begeisterung für den falschen nationalen Gedanken[72]: Seit der großen Revolution haben sich tiefe Wandlungen vollzogen, die Klassengegensätze haben sich verschärft, und wenn damals der Kampf gegen die Reaktion ganz Europas die Gesamtheit der revolutionären Nation zusamme-

---

71 Erschienen in 'Zagranicnaja Gazeta', Nr. 2, 23. März 1908. Der Artikel ist ein Bericht über eine Rede, die Lenin auf einem am 18. März 1908 in Genf abgehaltenen internationalen Meeting zum Andenken der Revolution von 1848, der Pariser Kommune sowie der 25. Wiederkehr des Todestags von Karl Marx gehalten hat.

72 Gemeint ist die 'Zweite Adresse des Generalrats über den Deutsch-Französischen Krieg', s. vorl. Texte, Anhang, besonders S. 140.

nengeschweißt hat, so darf heute das Proletariat nicht mehr seine Interessen mit den Interessen anderer, ihm feindlicher Klassen verbinden; mag die Bourgeoisie für die nationale Erniedrigung die Verantwortung tragen - Sache des Proletariats ist es, für die sozialistische Befreiung der Arbeit vom Joche der Bourgeoisie zu kämpfen.

Und in der Tat: das wahre Wesen des bürgerlichen ´Patriotismus´ trat gar bald zu Tage. Nach dem Abschluß eines schmachvollen Friedens mit den Preußen ging die Versailler Regierung an ihre unmittelbare Aufgabe heran - und unternahm einen Überfall auf die gefürchtete Bewaffnung des Pariser Proletariats. Die Arbeiter beantworteten ihn mit der Proklamierung der Kommune und mit dem Bürgerkrieg.

Obwohl das sozialistische Proletariat in mehrere Sekten gespalten war, war die Kommune ein glänzendes Beispiel dafür, wie einmütig das Proletariat demokratische Aufgaben zu verwirklichen versteht, die die Bourgeoisie nur zu proklamieren fähig war. Ohne jede komplizierte spezielle Gesetzgebung, ganz einfach, faktisch führte das Proletariat, das die Macht ergriff, die Demokratisierung der Gesellschaftsordnung durch:

- es hob die Bürokratie auf,
- verwirklichte die Wahl der Beamten durch das Volk.

Jedoch vernichteten zwei Fehler die Früchte des glänzenden Sieges. Das Proletariat blieb auf halbem Wege stehen:

1. Statt die ´Expropriation der Expropriateure´ in Angriff zu nehmen, gab es sich Träumen hin über die Verwirklichung der höchsten Gerechtigkeit in einem durch eine gesamtnationale Aufgabe geeinigten Lande. Solche Einrichtungen z. B. wie die Bank wurden nicht in Besitz genommen, die proudhonistischen Theorien des ´gerechten Austausches´ usw. herrschten noch unter den Sozialisten.

2. Der zweite Fehler war der übermäßige Großmut des Proletariats: Es hätte seine Feinde vernichten sollen, stattdessen aber bemühte es sich, sie moralisch zu beeinflussen; es mißachtete die Bedeutung rein militärischer Aktionen im Bürgerkrieg, und anstatt seinen Pariser Sieg durch eine energische Offensive gegen Versailles zu krönen, zögerte es und gab so der Versailler Regierung Zeit, die finsteren Kräfte zu sammeln und zu der blutigen Maiwoche zu rüs-

ten.

Aber bei all ihren Fehlern bietet die Kommune das höchste Beispiel der größten proletarischen Bewegung des 19. Jahrhunderts. Marx schätzte die historische Bedeutung der Kommune sehr hoch ein.

- Hätten die Arbeiter während des verräterischen Überfalls der Versailler Bande auf die Waffen des Pariser Proletariats sich diese widerstandslos entreißen lassen, so wäre die verhängnisvolle Wirkung der durch eine solche Schwäche verursachten Demoralisation der proletarischen Bewegung um ein Vielfaches größer gewesen als der Schaden von den Verlusten, die die Arbeiterklasse im Kampfe für die Verteidigung ihrer Waffen erlitten hat.
- Wie groß die Opfer der Kommune auch sind, sie werden aufgewogen durch ihre Bedeutung für den allgemein-proletarischen Kampf:
- Die Kommune hat die sozialistische Bewegung in Europa in Fluß gebracht,
- hat die Kraft des Bürgerkrieges gezeigt,
- die patriotischen Illusionen zerstreut und den naiven Glauben an die gesamtnationalen Bestrebungen der Bourgeoisie vernichtet.
- Die Kommune hat das europäische Proletariat gelehrt, die Aufgaben der sozialistischen Revolution konkret zu stellen.
- Die Lehren, die das Proletariat erhalten hat, werden nicht vergessen werden.
- Die Arbeiterklasse wird sie nützen, wie sie das bereits in Rußland während des Dezember-Aufstandes getan hat.

Die Epoche, die der russischen Revolution vorausging, die sie vorbereitete, weist einige Ähnlichkeit auf mit der Zeit des Napoleonschen Jochs in Frankreich. Auch in Rußland brachte die absolutistische Clique über das Land die Schrecken des wirtschaftlichen Ruins und der nationalen Erniedrigung. Doch lange Zeit hindurch - solange die Soziale Entwicklung nicht die Voraussetzungen für die Massenbewegung geschaffen hatte - konnte die Revolution nicht ausbrechen, und trotz ihres Heldenmutes zerschellten die isolierten Angriffe gegen die Regierung in der vorrevolutionären Periode an der Gleichgültigkeit der Volksmassen. Nur die Sozialdemokratie hat es verstanden, durch zähe und planmäßige Arbeit die Massen zu

den höchsten Kampfformen zu erziehen - zu Massenaktionen und zum bewaffneten Bürgerkrieg.
Sie hat es verstanden,

- in dem jungen Proletariat die ´gesamtnationalen´ und ´patriotischen´ Verirrungen zu zerschlagen,

- und nachdem es dem Proletariat, mit ihrer unmittelbaren Einmischung, gelungen war, dem Zaren das Manifest vom 17. Oktober[73] zu entreißen,

- ging es an die energische Vorbereitung der weiteren unausbleiblich Etappe der Revolution - des bewaffneten Aufstands.

- Von ´gesamtnationalen´ Illusionen frei, konzentrierte es seine Klassenkräfte in seinen Massenorganisationen - den Arbeiter- und Soldatenräten usw.

- Und trotz des ganzen Unterschieds der Ziele und der Aufgaben der russischen Revolution im Vergleich zur französischen von 1871, mußte das russische Proletariat zu derselben Kampfmethode greifen, die in der Pariser Kommune ihren Anfang genommen hatte - zum Bürgerkrieg.

- Ihrer Lehren eingedenk, wußte das Proletariat, daß es auch friedliche Kampfmittel nicht verachten dürfe - sie dienen seinen alltäglichen Interessen, sie sind in den vorbereitenden Perioden der Revolution notwendig -

- doch niemals darf es vergessen, daß der Klassenkampf unter bestimmten Voraussetzungen die Form des bewaffneten Kampfes und des Bürgerkrieges annimmt,

- es gibt Augenblicke, wo die Interessen des Proletariats die rücksichtslose Vernichtung der Feinde in offener Schlacht verlangen.

- In der Kommune hat es das französische Proletariat zum erstenmal gezeigt,

- im Dezember-Aufstand hat es das russische Proletariat glänzend bestätigt.

---

73 Das Manifest vom 17./30. Oktober 1905 gewährte den Untertanen des Zaren ohne Unterschied des Standes die Grundrechte freier Bürger: Unverletzbarkeit der Person, Freiheit des Gewissens, der Rede, der Versammlung und der Korporation. Es sagte außerdem im Prinzip das allgemeine Wahlrecht zu und versprach, die Staatsduma mit dem ausschließlichen Recht der Gesetzgebung und mit dem Recht, die Legalität der Verwaltung zu überwachen, auszustatten. (Vgl. STÖKL a.a.O., S. 600)

- Sind die beiden gewaltigen Aufstände der Arbeiterklasse auch niedergeschlagen -
- es kommt ein neuer Aufstand, dem gegenüber die Kräfte der Feinde des Proletariats sich als schwach erweisen werden
- und aus dem das sozialistische Proletariat mit einem vollen Siege hervorgehen wird.

Trotzki: Die Kommune von Paris und Sowjetrussland[74]

„Die kurze Episode der ersten Revolution, die vom Prole-
tariat für das Proletariat durchgeführt wurde, endete mit
dem Triumph seiner Gegner. Diese Episode vom 18. März
bis zum 28. Mai dauerte 72 Tage."

ʹDie Pariser Kommune vom 18. März 1871ʹ.
P. L. Lavrov, Petrograd, 1919, S. 160.[75]

Der Mangel an Vorbereitung bei den sozialistischen Parteien der Kommune

Die Pariser Kommune des Jahres 1871 war der erste, noch schwa-
che historische Versuch der Herrschaft der Arbeiterklasse. Wir
schätzen das Gedenken der Kommune ungeachtet der äußersten
Beschränktheit ihrer Erfahrung, der schlechten Vorbereitung ihrer
Teilnehmer, der Unklarheit ihres Programms, des Mangels an Einig-
keit unter den Führern, der Unentschlossenheit der Pläne, der hoff-
nungslosen Verwirrung bei der Ausführung und des schrecklichen,
durch dieses alles fatal bedingten Zusammenbruches. Wir schätzen
in der Kommune, nach dem Ausdruck Lavrovs, "die erste, wenn
auch überaus bleiche Morgenröte der Republik des Proletariats".
Ganz anders Kautsky. Nachdem er einen bedeutenden Teil seines
Buches (ʹTerrorismus und Kommunismusʹ) der grob tendenziösen
Gegenüberstellung von Kommune und Sovjetmacht gewidmet hat,
sieht er die Hauptvorzüge der Kommune darin, worin wir ihr Unglück und ihre Schuld sehen.[76]
Kautsky beweist eifrig, daß die Pariser Kommune von 1871 nicht
ʹkünstlichʹ vorbereitet worden, sondern unerwartet entstanden sei
und die Revolutionäre überrascht habe - im Gegensatz zur Novemberrevolution, die unsere Partei sorgfältig vorbereitet habe. Das ist
unbestreitbar. Da er sich nicht entschließen kann, seine tief reaktionären Gedanken klar zu formulieren, sagt Kautsky nicht direkt, ob

---

74 Leo Trotzki, Terrorismus und Kommunismus. Anti-Kautsky, Wien 1920.
   Vorl. Text gibt das V. und VI. Kapitel dieser Schrift wieder.
75 S. vorl. Texte, Bd. 1, S. 145. Trotzki beruft sich in seiner Kommune-Inter-
   pretation vor allem auf dieses Buch Lavrovs über die Pariser Kommune.
76 Karl Kautsky, Terrorismus und Kommunismus, Berlin 1919.

die Pariser Revolutionäre von 1871 dafür, daß sie den proletarischen Aufstand nicht vorhergesehen haben und sich zu ihm nicht vorbereiten konnten, Anerkennung verdienen und ob wir dafür, daß wir das Unvermeidliche voraussahen und ihm bewußt entgegentraten, getadelt werden mussen. Jedoch die ganze Auslegung Kautskys ist so aufgebaut, daß bei dem Leser gerade diese Vorstellung hervorgerufen wird. Über die Kommunarden war einfach ein Unglück hereingebrochen (der bayrische Philister Vollmar[77] drückte einst sein Bedauern aus, daß die Kommunarden nicht schlafen gegangen sind, anstatt die Macht an sich zu nehmen), und deshalb verdienen sie Nachsicht; die Bolscheviki sind dem Unglück (der Macht) bewußt entgegengetreten, und deshalb wird ihnen weder in dieser noch in jener Welt verziehen werden. Eine solche Fragestellung kann ihrem inneren Widerspruch nach unglaubwürdig erscheinen. Dessenungeachtet folgt sie unvermeidlich aus der Position der ´unabhängigen Kautskyaner, die den Kopf zwischen die Schultern ziehen, um nicht zu sehen und nichts vorauszusehen, und die nur dann einen Schritt vorwärts tun, wenn sie vorher einen guten Puff in den Rücken bekommen haben.

„Paris zu erniedrigen", schreibt - Kautsky, „ihm jede Selbstverwaltung vorzuenthalten, ihm seine Stellung als Hauptstadt zu rauben, endlich es zu entwaffnen, um in voller Sicherheit den monarchistischen Staatsstreich wagen zu können, das wurde die wichtigste Sorge der Nationalversammlung und des von ihr erwählten Chefs der Exekutive, Thiers. Aus dieser Situation entsprang der Konflikt, der zum Ausbruch der Pariser Insurrektion führte.

Man sieht, wie ganz anderer Art sie war als der Staatsstreich des Bolschevismus, der aus dem Friedensbedürfnis seine Kraft zog, der die Bauern hinter sich hatte, der in der Nationalversammlung keine Monarchisten sich gegenüber sah, sondern Sozialrevolutionäre und menschevistische Sozialdemokraten.

Die Bolscheviki kamen zur Macht durch einen wohlvorbereiten Staatsstreich, der ihnen mit einem Schlage die gesamte Staatsmaschinerie auslieferte, die sie sofort aufs energischste und rücksichtsloseste zur politischen und ökonomischen Enteignung ihrer Gegner - aller ihrer Gegner, auch der proletarischen - ausnutzten.

Durch die Erhebung der Kommune wurde dagegen niemand überrascht als die Revolutionäre selbst. Und einem großen Teil unter ihnen kam der Konflikt äußerst unerwünscht." (S. 44)

Um uns den wirklichen Sinn dessen, was Kautsky hier über die

---

77 Vollmar, Georg von (1850 bis 1922), bayrischer Sozialdemokrat, gehörte zum rechten revisionistischen Flügel.

Kommunarden sagt, besser klarzumachen, wollen wir folgende interessante Zeugnisse anführen:

„... Am 1. März 1871", schreibt Lavrov in seinem sehr lehrreichen Buch über die Kommune, „ein halbes Jahr nach dem Fall des Kaiserreichs und einige Tage vor dem Ausbruch der Kommune, hatten die leitenden Persönlichkeiten der Pariser Internationale dennoch kein bestimmtes politisches Programm (...)"

„Nach dem 1. März", schreibt derselbe Verfasser, „war Paris in den Händen des Proletariats, seine Führer aber, die durch die unerwartete Macht die Geistesgegenwart verloren harten, ergriffen nicht einmal die elementarsten Maßnahmen."[78]

„Ihr seid eurer Rolle nicht gewachsen, und eure einzige Sorge ist es, euch von der Verantwortung freizumachen, sagte ein Mitglied des Zentralkomitees der Nationalgarde." „Darin liegt viel Wahrheit", schreibt der Teilnehmer und Historiker der Kommune, Lissagaray, „aber im Augenblick der Handlung selbst macht sich der Mangel an vorheriger Organisation und Vorbereitung sehr häufig dadurch bemerkbar, daß den Menschen eine Rolle zufällt, die ihre Kräfte übersteigt."[79]

Hieraus ist bereits ersichtlich (weiterhin wird das noch klarer werden), daß das Fehlen eines direkten Kampfes um die Macht von seiten der Pariser Sozialisten durch ihre theoretische Formlosigkeit und politische Verwirrung zu erklären war - und durchaus nicht durch höhere taktische Erwägungen.

Man braucht daran nicht zu zweifeln, daß die Treue Kautskys selbst in bezug auf die Traditionen der Kommune hauptsächlich in der außerordentlichen Verwunderung bestehen wird, mit der er dem proletarischen Umsturz in Deutschland als einem im höchsten Grade unerwünschten Konflikt begegnen wird. Wir zweifeln jedoch daran, daß ihn dies von den Nachkommen als Verdienst angerechnet werden wird. In bezug auf das Wesen seiner historischen Analogie aber müssen wir sagen, daß sie ein Gemisch von Konfusion, Verschweigungen und Täuschungen vorstellt.

---

78 P. L. Lavrov, Die Pariser Kommune vom 18. März 1871, Verlagsgesellschaft ´Kolos´, Petrograd 1919. - Die Zitatangaben im Text erfolgen nach dieser russ. Ausgabe, hier: S. 64 f und 71. Zum Vergleich werden in den Anm. die entsprechenden Textstellen in dem LAVROV-Text der vorl. Ausgabe, Bd. 1 angeführt, hier: S. 76, 81.

79 Prosper Lissagaray, Histoire de la Commune de 1871, Bruxelles 1876. - Die Zitatangaben im Text erfolgen nach dieser franz. Ausgabe, hier: S. 2o6.

Die Absichten, die Thiers in bezug auf Paris hatte, hatte Miljukov, der von Zeretelli und Tschernov offen unterstützt wurde, in bezug auf Petersburg. Sie alle - von Kornilov bis Potressov - wiederholten tagaus tagein, daß sich Petersburg vom Lande losgerissen habe, daß es mit ihm nichts gemein habe, daß es total demoralisiert sei und danach strebe, dem Lande seinen Willen aufzuzwingen. Petersburg absetzen und erniedrigen, das war die erste Aufgabe Miljukovs und seiner Gehilfen. Und das fand in einer Periode statt, als Petersburg der wirkliche Mittelpunkt der Revolution war, die sich in den übrigen Teilen des Landes noch nicht hatte befestigen können. Der frühere Vorsitzende der Duma, Rodsjanko, sprach offen davon, Petersburg den Deutschen zur Dressur zu übergeben, ähnlich wie Riga übergeben worden war. Rodsjanko nannte nur das beim Namen, was die Aufgabe Miljukovs war und was Kerenski durch seine ganze Politik förderte.

Miljukov wollte, wie auch Thiers, das Proletariat entwaffnen. Mehr als das, mit Hilfe von Kerenski, Tschernov und Zeretelli wurde das Petersburger Proletariat im Juli 1917 in bedeutendem Maße entwaffnet. Es bewaffnete sich teilweise wieder während des Kornilovschen Vormarsches auf Petersburg im August. Und diese neue Bewaffnung war ein ernstes Element der Vorbereitung zum Novemberaufstand. Demgemäß fallen gerade die Punkte, in denen Kautsky unserer Novemberrevolution den Märzaufstand der Pariser Arbeiter entgegenstellt, in bedeutendstem Maße zusammen.
Worin besteht jedoch der Unterschied zwischen ihnen? Vor allem darin, daß die schändlichen Pläne Thiers gelangen, daß Paris von ihm erwürgt wurde, viele Tausende von Arbeitern vernichtet wurden. Miljukov dagegen erlitt eine schimpfliche Niederlage, Petersburg blieb die unbezwingbare Feste des Proletariats, und der Führer der Bourgeoisie fuhr in die Ukraine, um für die Okkupation Rußlands durch die Truppen des Kaisers Sorge zu tragen. In diesem Unterschiede liegt ein bedeutender Teil unserer Schuld, und wir sind bereit, die Verantwortung dafür zu übernehmen. Ein kapitaler Unterschied bestand auch darin - und das zeigte sich bei der weiteren Entwicklung der Ereignisse -, daß während die Kommunarden vorwiegend von patriotischen Erwägungen ausgingen, wir uns unabänderlich vom Gesichtspunkt der internationalen Revolution leiten ließen. Die Zertrümmerung der Kommune führte zum tatsächlichen Zusammenbruch der Ersten Internationale. Der Sieg der Sovjetmacht führte zur Gründung der Dritten Internationale.

Aber Marx riet den Kommunarden - kurz vor dem Umsturz - nicht zum Aufstand, sondern zur Schaffung einer Organisation![80] Man könnte es noch verstehen, wenn Kautsky dieses Zeugnis anführen würde, um zu beweisen, daß Marx die Zuspitzung der Lage in Paris nicht klar genug übersehen hat. Kautsky aber versucht den Rat Marxens als Beweis dessen auszubeuten, daß Aufstände überhaupt tadelnswert seien. Wie alle Bonzen der deutschen Sozialdemokratie sieht Kautsky in der Organisation vor allem ein Mittel, revolutionäre Aktion zu verhindern. Aber sogar wenn man sich auf die Frage der Organisation als solcher beschränkt, so muß man nicht vergessen, daß der Novemberrevolution 9 Monate der Regierung Kerenskis vorausgegangen waren, während der unsere Partei nicht ohne Erfolg nicht nur Agitation betrieben, sondern sich auch mit Organisation beschäftigt hatte. Der Novemberumsturz vollzog sich, nachdem wir in den Arbeiter- und Soldatensovjets von Petersburg, Moskau und allen Industriezentren des Landes überhaupt eine erdrückende Mehrheit erobert und die Sovjets in machtvolle, von unserer Partei geleitete Organisationen verwandelt hatten. Die Kommunarden hatten nichts Ähnliches aufzuweisen. Endlich hatten wir hinter uns die heldenhafte Pariser Kommune, aus deren Zusammenbruch wir für uns den Schluß zogen, daß Revolutionäre die Ereignisse voraussehen und sich zu ihnen vorbereiten müssen. Dies ist ebenfalls unsere Schuld.

Die Pariser Kommune und der Terrorismus

Den ausführlichen Vergleich zwischen der Kommune und Sovjetrußland braucht Kautsky nur dazu, um die lebendige und siegreiche Diktatur des Proletariats zugunsten des Versuchs einer Diktatur, die einer schon ziemlich entfernten Vergangenheit angehört, zu verleumden und zu erniedrigen.

Kautsky zitiert mit außerordentlicher Genugtuung die Erklärung des Zentralkomitees der Nationalgarde vom 19. März aus Anlaß der Ermordung zweier Generäle durch Soldaten: „Wir sagen es mit Entrüstung, der blutige Schmutz, mit dem man unsere Ehre zu schänden sucht, ist eine elende Infamie. Niemals wurde von uns

---

80 Aus den vorliegenden Zeugnissen ist keineswegs eindeutig zu ersehen, welche konkrete Vorstellung Marx und Engels von einer realistischen Politik des Pariser Proletariats "kurz vor dem Umsturz" hatten. Engels sprach von der "Benutzung der durch die Republik unvermeidlich gegebenen Freiheit zur Organisation der Partei in Frankreich" (Engels an Marx, 7. September 1870, in: Karl Marx/Friedrich Engels, Briefwechsel, IV. Bd., Berlin (Ost) 1950, S. 456 f).

eine Exekution beschlossen, niemals hat die Nationalgarde an der Ausübung eines Verbrechens teilgenommen."

Das Zentralkomitee konnte selbstverständlich gar keine Veranlassung haben, die Verantwortung für Morde zu übernehmen, an denen es nicht beteiligt war. Der sentimental-pathetische Ton der Erklärung jedoch charakterisiert deutlich die politische Schüchternheit dieser Leute in bezug auf die bürgerliche öffentliche Meinung. Und das ist kein Wunder. Die Vertreter der Nationalgarde waren in Mehrzahl Leute mit sehr bescheidener revolutionärer Vergangenheit: „Nicht ein bekannter Name", schreibt Lissagaray. „Das waren Kleinbürger, Krämer, die geschlossenen revolutionären Kreisen und größtenteils auch der Politik bisher ferngestanden hatten." „Das schüchterne, etwas furchtsame Gefühl der drohenden geschichtlichen Verantwortung und der Wunsch, sich sobald wie möglich von ihr zu befreien", schreibt über sie Lavrov, „blickt aus allen Proklamationen des Zentralkomitees hervor, in dessen Händen das Schicksal von Paris lag."

Nachdem er zu unserer Beschämung die Deklamation über das Blut angeführt hat, kritisiert Kautsky nach Marx und Engels die Unentschlossenheit der Kommune: „Wären die Pariser (d. h. die Kommunarden) Thiers auf den Fersen geblieben, es wäre ihnen vielleicht gelungen, sich der Regierung zu bemächtigen. Die aus Paris abziehenden Truppen hätten nicht den geringsten Widerstand geleistet (...) Aber Thiers zog unbehelligt ab. Man gestattete ihm, seine Truppen mit sich zu nehmen und in Versailles zu reorganisieren, mit neuem Geiste zu erfüllen und zu verstärken." (S. 49)[81]

Kautsky begreift nicht, daß dieselben Leute, aus denselben Gründen die oben angeführte Erklärung vom 19. März abgegeben und Thiers erlaubt haben, den Rückzug anzutreten und Truppen zu sammeln. Hätten die Kommunarden nur mit den Mitteln der geistigen Einwirkung gesiegt, dann hätte ihre Erklärung großes Gewicht bekommen. Doch das ist nicht geschehen. In Wirklichkeit war ihre sentimentale Humanität nur die Kehrseite ihrer revolutionären Passivität. Leute, denen das Schicksal die Macht in Paris gegeben hatte und die die Notwendigkeit nicht einsahen, diese Macht unverzüglich bis zu Ende auszunutzen, Thiers zu verfolgen und ihn, ehe er zur Besinnung kommen konnte, aufs Haupt zu schlagen, in ihren Händen Truppen zu konzentrieren, die nötige Säuberung des Kommandobestandes vorzunehmen, sich der Provinz zu bemächtigen - solche Leute sind natürlich nicht geneigt, Maßnahmen der strengen

---

81 Karl Kautsky, a. a. 0. Die Zitatangaben im Text erfolgen nach dieser Ausgabe.

Justiz in bezug auf gegenrevolutionäre Elemente zu treffen. Eines ist mit dem andern eng verknüpft. Man kann nicht Thiers verfolgen, ohne die Agenten Thiers' in Paris zu verhaften und die Verschwörer und Spione zu erschießen. Wenn man die Ermordung gegenrevolutionarer Generäle für ein unzulässiges 'Verbrechen' hält, kann man bei der Verfolgung der Truppen, die von gegenrevolutionären Generälen geführt werden, nicht Energie entwickeln.

Während der Revolution ist höchste Energie höchste Humanität. „Gerade die Menschen", sagt Lavrov sehr richtig, „die Menschenleben, Menschenblut schätzen, müssen danach streben, die Möglichkeit eines schnellen und entschiedenen Sieges zu organisieren und daher möglichst schnell und energisch zu handeln, um die Feinde zu unterdrücken, da nur auf diesem Wege das Minimum an Blutvergießen erreicht werden kann."

Die Erklärung vom 19. März kann jedoch viel richtiger eingeschätzt werden, wenn man sie nicht als unbedingtes Glaubensbekenntnis, sondern als Ausdruck vorübergehender Stimmung betrachtet, die am Tage nach dem unerwarteten und unblutigen Siege herrschen. Kautsky, der für die Dynamik der Revolution und die innere Bedingtheit ihrer schnell anwachsenden Stimmungen kein Verständnis hat, denkt in leblosen Schemata und entstellt die Perspektive der Ereignisse durch willkürlich gewählte Analogien. Er versteht nicht, daß weichherzige Unentschlossenheit den Massen in der ersten Epoche der Revolution überhaupt eigen ist. Die Arbeiter gehen nur unter dem Druck der eisernen Notwendigkeit zum Angriff über, wie sie zum roten Terror nur unter der Drohung der Vernichtung durch die Weißgardisten übergehen. Das, was Kautsky als Resultat einer besonders hohen Moral des Pariser Proletariats Jahre 1871 hinstellt, kennzeichnet in Wirklichkeit nur die anfängliche Etappe des Bürgerkrieges. Solche Erscheinungen sind auch bei uns beobachtet worden.

In Petersburg wurde die Macht von uns im November 1917 fast ohne Blutvergießen und sogar ohne Verhaftungen erobert. Die Minister der Regierung Kerenskis wurden sehr bald nach dem Umsturz in Freiheit gesetzt. Mehr als das, der Kosakengeneral Krassnov, der im Verein mit Kerenski, nachdem die Macht an die Sovjets übergegangen war, gegen Petersburg vorrückte und von uns in Gatschina gefangen genommen ward, wurde am nächsten Tage auf Ehrenwort in Freiheit gesetzt. Das war eine 'Großmut' ganz im Geiste der ersten Schritte der Kommune. Das war aber ein Fehler.

Unlängst ist General Krassnov, der im Laufe eines Jahres im Süden gegen uns gekämpft und viele Tausende Kommunisten vernichtet hat, wieder auf Petersburg vorgerückt, diesmal in den Reihen der Armee von Jüdenitsch. Einen grausameren Charakter nahm die proletarische Revolution erst nach dem Aufstand der Junker in Petersburg an und besonders nach dem von den Kadeten, Sozialrevolutionären und Menschewiki vorbereiteten Aufstand der Tschechoslowaken an der Wolga, nach der Massenvernichtung der Kommunisten durch diese, dem Attentat auf Lenin, der Ermordung Uritzkis u.a

Dieselben Tendenzen, nur im Anfangsstadium, finden wir in der Geschichte der Kommune.

Von der Logik des Kampfes gezwungen, betrat sie im Prinzip den Weg der Abschreckung. Die Gründung des Ausschusses der öffentlichen Wohlfahrt war für viele seiner Anhänger von der Idee roten Terrors diktiert worden. Der Ausschuß war dazu bestimmt, „die Verräter zu köpfen" ('Journal Officiel', Nr. 123), „den Verrat zu besiegen" (ibid. Nr. 124). Zu den 'Abschreckungs'-Dekreten muß die Verfügung (vom 3. April) über die Beschlagnahme des Vermögens von Thiers und seiner Minister, über die Zerstörung des Hauses von Thiers, die Zerstörung der Colonne Vendome, besonders aber das Dekret über die Geiseln gerechnet werden. Für jeden den Versaillern erschossenen Gefangenen oder Anhänger der Kommune sollte die dreifache Anzahl der Geiseln erschossen werden. Die Maßnahmen der von Raoul Rigault geleiteten Polizeipräfektur trugen einen rein terroristischen, wenn auch nicht immer zweckmäßigen Charakter.

Die Wirksamkeit aller dieser Abschreckungsmaßnahmen wurde gelähmt durch die formlosen Kompromisse der leitenden Elemete der Kommune, durch ihr Bestreben, die Bourgeoisle mittels kläglicher Phrasen mit der vollzogenen Tatsache zu versöhnen, durch ihr Schwanken zwischen der Fiktion der Demokratie und der Realität der Diktatur. Den letzteren Gedanken hat der verstorbene Lavrov in seinem Buch über die Kommune vortrefflich formuliert.

„Das Paris der reichen Bourgeois und der bettelarmen Proletarier verlangte als politische, aus verschiedenen Ständen bestehende Gemeinde im Namen der liberalen Grundsätze die Freiheit des Wortes, der Versammlung, der Kritik der Regierung usw. Paris, das die Revolution zugunsten des Proletariats vollzogen und es sich zur Aufgabe gemacht hatte, diese Revolution in den Institutionen durchzuführen, Paris als Gemeinde des emanzipierten Arbeiterproletariats erforderte revolutionäre, d. h. diktatorische Maßnahmen in bezug auf die Feinde des neuen Regimes."

Wäre die Pariser Kommune nicht gefallen, sondern hätte sie sich weiter in ununterbrochenem Kampfe gehalten, so wäre sie, das unterliegt keinem Zweifel, gezwungen gewesen, zu einer schärferen Maßnahme zwecks Unterdrückung der Gegenrevolution überzugehen. Freilich hätte Kautsky dann nicht die Möglichkeit gehabt, den humanen Kommunarden die unmenschlichen Bolschewiki gegenüberzustellen. Dafür hätte wahrscheinlich auch Thiers nicht die Möglichkeit gehabt, seinen ungeheuerlichen Aderlaß an dem Proletariat von Paris vorzunehmen. Die Geschichte wäre gewiß nicht zu kurz gekommen.

Das eigenmächtige Zentralkomitee und die „demokratische" Kommune

„Am 19. März", erzählt Kautsky, „verlangten im Zentralkomitee die einen, man solle nach Versailles marschieren, andere, man solle sofort an die Wähler appellieren, wieder andere, man solle sofort revolutionäre Maßnahmen ergreifen. Als ob nicht jeder dieser Schritte", belehrt uns der Verfasser scharfsichtig, „gleich notwendig gewesen wäre und einer von ihnen den anderen ausgeschlossen hätte." (S. 54) In seinen weiteren Zeilen trägt uns Kautsky anläßlich dieser Uneinigkeiten in der Kommune aufgewärmte Banalitäten über die Wechselbeziehungen zwischen Reform und Revolution auf. In Wirklichkeit stand die Frage so: Wollte man gegen Versailles vorrücken, und wollte man das sofort, ohne auch nur eine Stunde zu verlieren, so mußte die Nationalgarde sofort reorganisiert, an ihre Spitze die kampffähigsten Elemente des Pariser Proletariats gestellt und Paris dadurch zeitweilig in revolutionärer Hinsicht geschwächt werden. Aber in Paris Wahlen vornehmen und gleichzeitig die Blüte der Arbeiterklasse aus seinen Mauern hinausführen, das wäre vom Gesichtspunkt der revolutionären Partei aus sinnlos gewesen. Theoretisch widersprechen der Vormarsch auf Versailles und die Wahlen in die Kommune einander selbstverständlich durchaus nicht, praktisch aber schließen sie einander aus: Um den Wahlen Erfolg zu sichern, mußte der Vormarsch aufgeschoben werden, um dem Vormarsch Erfolg zu sichern, mußten die Wahlen aufgeschoben werden. Endlich, wenn das Proletariat ins Feld geführt und Paris zeitweise geschwächt werden sollte, so mußte man sich vor der Möglichkeit gegenrevolutionärer Anschläge auf die Hauptstadt sichern, denn Thiers hätte vor keinerlei Maßnahmen Halt gemacht, um im Rücken der revolutionären Armee sein weißes Feuer zu entzünden. Es mußte ein militärisches, d. h. strengeres Regime in der Hauptstadt festgesetzt werden. „Es mußte", schreibt Lavrov, „gegen zahlreiche innere Feinde gekämpft werden, die Paris anfüllten und gestern noch vor der Börse auf der Place Vendome revoltiert hatten, die ihre Vertreter in der Verwaltung, in der Nationalgarde hatten, die ihre Presse, ihre Versammlungen hatten, die fast offen zu den Versaillern in Beziehungen standen und bei jeder Unvorsichtigkeit, bei jedem Mißerfolg der Kommune entschlossener und frecher wurden."

Es war außerdem notwendig, revolutionäre Maßnahmen finanziellen und überhaupt ökonomischen Charakters, vor allem zur Sicherstellung der revolutionären Armee, zu treffen. Alle diese notwendigsten Maßnahmen der revolutionären Diktatur waren kaum mit einer ausgedehnten Wahlkampagne in Einklang zu bringen. Kautsky aber hat keine Ahnung davon, was eine in Wirklichkeit durchgeführte Revolution ist. Er denkt, daß theoretisch in Einklang bringen dasselbe sei wie praktisch verwirklichen.

Das Zentralkomitee hatte die Wahlen auf den 22. März festgesetzt, trat aber, seiner selbst nicht sicher, aus Angst vor seiner Illegalität, bestrebt, in Übereinstimmung mit ´gesetzlichen´ Institutionen zu handeln, in sinnlose und endlose Verhandlungen mit der vollständig machtlosen Versammlung der Maires und der Deputierten von Paris ein, bereit, mit ihnen die Macht zu teilen, um nur eine Verständigung zustande zu bringen. Indessen verrann die wertvolle Zeit.

Marx, auf den sich Kautsky aus alter Anhänglichkeit zu stützen sucht, hat auf keinen Fall vorgeschlagen, Wahlen zu der Kommune vorzunehmen und gleichzeitig die Arbeiter ins Feld zu führen. In einem Brief an Kugelmann schreibt Marx am 12. April 1871, daß das Zentralkomitee der Nationalgarde die Macht zu früh übergeben habe, um der Kommune den Platz zu räumen. Kautsky ´begreift´, seinen eigenen Worten zufolge, diese Meinung Marxens nicht. Das ist ganz einfach. Marx hat auf jeden Fall begriffen, daß die Aufgabe nicht in der Jagd nach Legalität, sondern darin bestand, dem Feind den Todesstoß zu versetzen. „Hätte das Zentralkomitee aus wirklichen Revolutionären bestanden", sagt Lavrov richtig, „so hätte es anders handeln müssen. Es wäre dann unverzeihlich gewesen, den Feinden 10 Tage vor der Wahl und der Einberufung der Kommune zur Erholung zu geben, während die Führer des Proletariats die Pflicht und das Recht ablehnten, das Proletariat unverzüglich zu leiten. Der fatale Mangel an Vorbereitung der Volksparteien schuf das Komitee, das sich zu diesen 10 Tagen der Untätigkeit verpflichtet fühlte."

Das Bestreben des Zentralkomitees, die Macht so bald wie möglich einer ´gesetzlichen´ Regierung zu übergeben, wurde nicht so sehr vom Aberglauben des formalen Demokratismus, an welchem übrigens kein Mangel herrschte, diktiert, wie von der Furcht vor der Verantwortung. Unter dem Vorwand, daß es eine provisorische Institution sei, wich das Zentralkomitee der Ergreifung der notwendigsten und dringendsten Maßnahmen aus, ungeachtet dessen, daß sich der ganze materielle Apparat der Macht in seinen Händen befand. Aber auch die Kommune hatte nicht in vollem Maße die politische Macht aus den Händen des Zentralkomitees übernommen, das fortfuhr, sich ziemlich ungeniert in alle Angelegenheiten einzumischen.[82] Das schuf eine besonders in militärischer Hinsicht gefährliche Doppelherrschaft.

Am 3. Mai sandte das Zentralkomitee eine Deputation in die Kommune und verlangte für sich die Verwaltung des Kriegsministeriums. Von neuem wurde, wie Lissagaray sagt, die Frage aufgeworfen, „ob das Zentralkomitee aufzulösen oder zu verhaften oder ob ihm die Verwaltung des Kriegsministeriums zu überlassen sei."

Es handelte sich hier durchaus nicht um die Prinzipien der Demokratie, sondern um den Mangel an einem klaren Aktionsprogramm bei beiden Beteiligten und um die Bereitschaft, so der eigenmächtigen revolutionären Organisation des Zentralkomitees, wie auch der ´demokratischen´ Organisation des Zentralkomitees, Verantwortung einander aufzuerlegen, ohne gleichzeitig ganz der Macht zu entsagen. Das sind politische Beziehungen, die, scheint es, durchaus nicht nachahmungswürdig genannt werden können.

„Aber das Zentralkomitee", tröstet sich Kautsky, „versuchte nie, das Prinzip anzutasten, daß den Erwählten des allgemeinen Stimmrechts die oberste Macht gebühre. In diesem Punkte war die Pariser Kommune das gerade Gegenteil der russischen Sowjetrepublik." (S.

---

82 „Das Zentralkomitee legte seine politische Mission nieder, verzichtete aber nicht auf den Grundsatz der Autonomie der Nationalgarde und betrachtete sich nach wie vor als oberstes in allen militärischen Fragen allein zuständiges Vertrauensorgan des bewaffneten Pariser yolkes. Dieser Anspruch führte das Zentralkomitee in der Folgezeit in Konflikte mit der Gemeindeversammlung, die ihrerseits, im Bewußtsein, die einzige durch Volkswahl legitimierte Autorität zu sein, auch die Leitung der militärischen Angelegenheiten für sich in Anspruch nahm." (H. Koechlin, Die Pariser Kommune im Bewußtsein ihrer Anhänger, Basel 1950, S. 15.)

55) Die Regierung besaß weder Einheit des Willens noch revolutionäre Entschlossenheit; es bestand Doppelherrschaft, die im Resultat
zum schnellen und fürchterlichen Zusammenbruch führte. Dafür
aber - ist das etwa nicht tröstlich? - wurde das 'Prinzip' der Demokratie nicht verletzt.

Die demokratische Kommune und die revolutioäre Diktatur

Genosse Lenin hat Kautsky schon darauf hingewiesen, daß die
Versuche, die Kommune als Ausdruck der formalen Demokratie
hinzustellen, eine direkte theoretische Scharlatanerie sind. Die
Kommune war, nach den Traditionen und dem Plan ihrer leitenden
politischen Partei, der Blanquisten, der Ausdruck der Diktatur einer
revolutiönären Stadt über das ganze Land. So war es in der Großen
Französischen Revolution; so wäre es auch in der Revolution von
1871 gewesen, wenn die Kommune nicht gleich zu Anfang gefallen
wäre. Die Tatsache, daß die Macht in Paris selbst auf Grund allge-
meiner Abstimmung gewählt war, beseitigt nicht eine andere Tatsache, die von viel größerer Tragweite ist: die militärischen Aktionen
der Kommune, einer Stadt, gegen das bäuerliche Frankreich, d. h.
das ganze Land. Um den großen Demokraten Kautsky zu befriedi-
gen, hätten die Revolutionäre der Kommune erst durch allgemeine
Abstimmung die ganze Bevölkerung Frankreichs befragen sollen,
ob sie ihnen gestatte, gegen die Banden von Thiers zu kämpfen.

Endlich wurden die Wahlen in Paris selbst nach der Flucht der
Thiersschen Bourgeoisie, wenigstens ihrer aktivsten Elemente, und
nach der Entfernung der Thiersschen Truppen vorgenommen. Die
in Paris gebliebene Bourgeoisie fürchtete bei all ihrer Frechheit dennoch die revolutionären Bataillone, und die Wahlen fanden unter
dem Zeichen dieser Furcht statt, die eine Vorahnung des weiterhin
unvermeidlichen roten Terrors war. Sich damit trösten zu wollen,
daß das Zentralkomitee der Nationalgarde, unter dessen zum Unglück äußerst matter und formloser Diktatur sich die Wahlen in die
Kommune vollzogen, das Prinzip der allgemeinen Abstimmung
nicht verletzt habe, heißt wahrlich, mit dem Schatten der Bürste den
Schatten des Wagens reinigen.

Bei seinen fruchtlosen Gegenüberstellungen nutzt Kautsky den
Umstand aus, daß der Leser nicht mit den Tatsachen bekannt ist. In
Petersburg haben wir im Dezember 1917 ebenfalls eine Kommune
(die Stadtduma) auf der Grundlage der 'demokratischsten' Abstim-

mung, ohne Einschränkung für die Bourgeoisie, gewählt. Diese Wahlen ergaben für uns bei dem Boykott der bürgerlichen Parteien eine erdrückende Mehrheit[83]. Die ´demokratisch´ gewählte Stadtduma unterwarf sich freiwillig dem Petersburger Sovjet, d. h. sie stellte die Tatsache der Diktatur des Proletariats über das ´Prinzip´ der allgemeinen Abstimmung und löste sich nach einiger Zeit durch eigene Verfügung zugunsten einer der Abteilungen des Petersburger Sovjets auf. Demgemäß ist dem Petersburger Sovjet - diesem echten Vater der Sovjetmacht - der Segen der formalen ´demokratischen´ Weihe ebenso zuteil geworden wie der Pariser Kommune.

„Bei der Wahl am 26. März wurden 90 Mitglieder der Kommune gewählt. Darunter 15 Regierungsleute und 6 Bürgerlich-Radikale, die in Opposition zur Regierung standen, die Insurrektion (der Pariser Arbeiter) aber verurteilten."

„Eine Sovjetrepublik", belehrt Kautsky, „hätte es gar nicht gestattet, daß solche Elemente der Gegenrevolution sich als Kandidaten präsentieren, geschweige denn sich wählen lassen konnten. Die Kommune bereitete, ihrem Respekt vor der Demokratie entsprechend, der Wahl ihrer bürgerlichen Gegner nicht die geringsten Hindernisse." (S. 55 bis 56) Wir haben schon oben gesehen, daß Kautsky hier in jeder Hinsicht ins Blaue trifft. Erstens haben im analogen Entwicklungsstadium der russischen Revolution demokratische Wahlen in die Petersburger Kommune stattgefunden, wobei die Sovjetmacht den bürgerlichen Parteien keinerlei Hindernisse in den Weg legte, und wenn die Kadeten, Sozialrevolutionäre und Menschewiki, die durch ihre Presse offen zum Sturz der Sovjetmacht aufforderten, die Wahlen boykottiert haben, so nur deshalb, weil sie zu der Zeit noch hofften, durch militärische Kraft schnell mit uns fertig zu werden. Zweitens gab es auch in der Pariser Kommune eine alle Klassen umfassende Demokratie nicht. Für die bürgerlichen Deputierten - die Konservativen, Liberalen, Gambettisten - war in ihr kein Platz.

---

83 Anmerkung von Leo Trotzki: „Es ist interessant festzustellen, daß sich an den Kommunalwahlen im Jahre 1871 in Paris 230 000 Wähler beteiligt haben. An den Wahlen in die Stadtverwaltung im Dezember 1917 in Petersburg nahmen, trotz des Boykotts der Wahlen seitens aller Parteien, außer unserer und der Partei der linken Sozialrevolutionäre, die in der Hauptstadt fast gar keinen Einfluß hatten, 400 000 Wähler teil. Paris zählte im Jahre 1871 - 2 000 000 Bevölkerung. Petersburg harte im Jahre 1917 - 2 000 000 Bevölkerung. Man muß in Betracht ziehen, daß unser Wahlsystem ungleich demokratischer war. Das Zentralkomitee der Nationalgarde führte die Wahlen auf Grund des Wahlgesetzes des Kaiserreichs durch. [Trotzki]"

„Fast alle diese Personen", sagt Lavrov, „traten sofort oder sehr bald aus dem Rat der Kommune aus; sie hätten Vertreter von Paris - der freien Stadt unter der Verwaltung der Bourgeoisie - sein können, gehörten aber durchaus nicht in den Rat einer Gemeinde, die mit ihrem Willen oder gegen denselben, bewußt oder unbewußt, vollkommen oder unvollkommen die Revolution des Proletariats und einen wenn auch schwachen Versuch vorstellte, Gesellschaftsformen zu schaffen, die dieser Revolution entsprachen." Hätte die Petersburger Bourgeoisie nicht die Kommunalwahlen boykottiert, so hätten ihre Vertreter zur Petersburger Stadtduma gehört. Dort wären sie bis zum ersten Aufstand der Sozialrevolutionäre und Kadeten geblieben, wonach sie - mit oder ohne Erlaubnis von Kautsky - wahrscheinlich verhaftet worden wären, wenn sie es nicht vorgezogen hätten, die Duma rechtzeitig zu verlassen, wie dies zu einem gewissen Zeitpunkt die bürgerlichen Glieder der Pariser Kommune getan haben. Der Gang der Ereignisse wäre derselbe geblieben - nur daß sich an seiner Oberfläche einige Episoden anders gestaltet hätten.

Kautsky, der die Demokratie der Kommune preist und sie gleichzeitig ungenügender Entschlossenheit in bezug auf Versailles beschuldigt, begreift nicht, daß die Kommunalwahlen, die unter der zweideutigen Teilnahme der ´gesetzmäßigen´ Maires und Deputierten durchgeführt wurden, die Hoffnung auf einen friedlichen Vertrag mit Versailles abspiegelten. Darin liegt das Wesen der Sache. Die Führer wollten eine Verständigung und nicht den Kampf. Die Illusionen der Wahlen hatten sich in den Massen noch nicht überlebt. Die falschen revolutionären Autoritäten hatten sich noch nicht blamiert. Alles zusammen wurde Demokratie genannt.

„Wir müssen unsere Feinde durch moralische Kraft beherrschen (...)", predigte Vermorel. „Man darf die Freiheit und das Leben der Persönlichkeit nicht antasten (...)" Im Bestreben, den ´Bürgerkrieg´ zu verhüten, forderte Vermorel die liberale Bourgeoisie, die er so schonungslos gebrandmarkt harte, auf, eine „richtige von der ganzen Bevölkerung von Paris anerkannte und geachtete Macht" zu schaffen. Das ´Journal Officiel´, das unter der Leitung des Internationalisten Longuet erschien, schrieb: „Das traurige Mißverhältnis, das in den Junitagen (1848) zwei Gesellschaftsklassen gegeneinander bewaffnet hat, kann sich nicht mehr wiederholen (...) Der Klassenantagonismus hat aufgehört zu existieren (...)" (30. März) Und weiter: „Jetzt wird jede Zwietracht aufhören, weil alle solidarisch sind, weil der soziale Haß, der soziale Antagonismus niemals so gering waren." (3. April) Auf der Sitzung der Kommune vom 25. April konnte sich Jourde nicht ohne Grund dessen rühmen, daß die Kommune „noch nicht das Eigentumsrecht verletzt habe". Dadurch hoffte man die bürgerliche öffentliche Meinung zu erobern und den Weg zur Verständigung zu finden.

„Eine derartige Predigt", sagte Lavrov ganz richtig, „entwaffnete die Feinde des Proletariats, die sehr gut verstanden, womit ihnen der Triumph des Proletariats drohte, durchaus nicht, beraubte aber das Proletariat der Energie und verblendete es gleichsam vorsätzlich angesichts der unversöhnlichen Feinde." Aber diese lähmende Predigt war untrennbar mit der Fiktion der Demokratie verbunden. Die Form der scheinbaren Legalität gestattete die Annahme, daß die Frage ohne Kampf gelöst werden würde. „Was die Bevölkerungsmassen anbetrifft", schreibt das Mitglied der Kommune Arthur Arnould, „so glaubten sie mit einigem Recht an einen mindestens geheimen Vertrag mit der Regierung." Machtlos, die Bourgeoisie anzuziehen, täuschten die Kompromißler, wie immer, das Proletariat.

Daß der demokratische Parlamentarismus unter den Verhältnissen des unvermeidlichen und schon beginnenden Bürgerkrieges nur die den Kompromißlern eigene Hilflosigkeit der leitenden Gruppen ausdrückte, davon zeugt am deutlichsten die sinnlose Prozedur der Ergänzungswahlen in die Kommune vom 16. April. Zu dieser Zeit „war schon kein Sinn für Abstimmung vorhanden", schreibt Arthur Arnould. „Die Lage war so tragisch, daß es dazu, daß die Abstimmung überhaupt ihren Zweck erreichen konnte, an der nötigen Zeit und der nötigen Kaltblütigkeit fehlte (...) Alle, die der Kommune ergeben waren, befanden sich auf den Befestigungen, in den Forts, in den vordersten Reihen der Truppen (...) Das Volk legte den Ergänzungswahlen gar keine Bedeutung bei. Die Wahlen waren eigentlich nur Parlamentarismus. Man hätte nicht die Wähler zählen, sondern Soldaten haben müssen; man hätte nicht ermitteln sollen, ob wir in der Meinung von Paris gestiegen oder gefallen, sondern Paris vor den Versaillern schützen sollen." Aus diesen Worten hätte Kautsky ersehen können, warum es in der Praxis nicht so einfach ist, den Klassenkampf mit der alle Klassen umfassenden Demokratie zu verbinden.

„Die Kommune ist keine Konstituierende Versammlung", schrieb in seiner Zeitschrift Millieres, einer der besten Köpfe der Kommune, „sie ist ein Kriegsrat. Sie muß ein Ziel haben: den Sieg; eine Waffe: die Kraft; ein Gesetz: das Gesetz der Rettung der Gesellschaft."

„Sie konnten nie begreifen", beschuldigt Lissagaray die Führer, „daß die Kommune eine Barrikade und keine Verwaltung war (…)" Erst am Schluß, als es schon zu spät war, fingen sie an, das zu begreifen. Kautsky hat das bis zum heutigen Tage nicht begriffen. Es ist kein Grund, anzunehmen, daß er dies jemals begreift.

Die Kommune war die lebendige Verneinung der formalen Demokratie, denn in ihrer Entwicklung bedeutete sie die Diktatur des werktätigen Paris über das bäuerliche Land. Diese Tatsache beherrscht alle übrigen. Wie sehr sich die politischen Routiniers aus der Mitte der Kommune selbst auch an den Schein der demokratischen Legalität klammerten, jede Handlung der Kommune, die für den Sieg nicht ausreichte, genügte für die Enthüllung ihrer illegalen Natur.

Die Kommune, d. h. die Pariser Stadtverwaltung, schaffte das Reichsgesetz über die Konskription ab. Sie nannte ihr offizielles Organ: ´Offizielles Journal der französischen Republik´. Sie rührte, wenn auch zaghaft, an die Reichsbank. Sie proklamierte die Trennung von Kirche und Staat und schaffte das Budget der Glaubensbekenntnisse ab. Sie trat in Beziehungen zu den ausländischen Botschaften usw. Alles dies tat sie mit dem Recht der revolutionären Diktatur. Dieses Recht aber wollte der damals noch grüne Demokrat Clemenceau nicht anerkennen.

Auf einer Konferenz mit dem Zentralkomitee sagte Clemenceau: „Der Aufstand hatte eine ungesetzliche Veranlassung (…) Bald wird das Komitee lächerlich sein und werden seine Dekrete verachtet Werden. Außerdem hat Paris nicht das Recht, sich gegen Frankreich zu erheben und muß unbedingt die Autorität der Nationalversammlung anerkennen."

Es war die Aufgabe der Kommune, die Nationalversammlung aufzulösen. Leider gelang ihr dies nicht. Heute sucht Kautsky nach mildernden Umständen für ihre ´verbrecherische´ Absicht.

Er weist darauf hin, daß die Kommunarden in der Nationalversammlung Monarchisten als Gegner hatten, während wir in der Konstituierenden Versammlung Sozialisten in der Person der Sozialrevolutionäre und Menschewiki gegen uns hatten. Vollständige

Geistesverwlrrung! Kautsky spricht von den Menscheviki und den Sozialrevolutionären, vergißt aber den einzigen ernsten Feind - die Kadeten. Gerade sie waren unsere russische Partei Thiers, d. h. der Block der Eigentümer im Namen des Eigentums, und Professor Miljukov war aus allen Kräften bestrebt, es dem kleinen großen Mann nachzumachen. Schon sehr bald - lange vor der Novemberumwälzung - begann Miljukov seinen Gallifet[84] zu suchen, der Reihe nach in der Person der Generäle Kornilow, Alexejew, darauf Kaledin, Krassnov, und nachdem Koltschak die konstituierende Versammlung auseinandergejagt und alle politischen Parteien in den Winkel gedrängt hatte, versagte die Partei der Kadeten, die einzige ernste bürgerliche, ihrem Wesen nach durch und durch monarchistische Partei ihm nicht die Unterstützung, sondern umgab ihn im Gegenteil mit noch größeren Sympathien.

Die Menscheviki und Sozialrevolutionäre spielten bei uns gar keine selbständige Rolle, ebenso wie die Partei Kautskys bei den revolutionären Ereignissen in Deutschland. Ihre Politik stützten sie voll und ganz auf die Koalition mit den Kadeten und räumten diesen dadurch die entscheidende Stellung ein, ganz unabhängig von dem politischen Kräfteverhältnis. Die Partei der Sozialrevolutionäre und Menscheviki war nur der Verbindungsapparat, der dazu diente, um auf den Versammlungen und bei den Wahlen das politische Vertrauen der durch die Revolution erweckten Massen zu sammeln und es darauf der gegenrevolutionären imperialistischen Partei der Kadeten, unabhängig von dem Ausgang der Wahlen, zur Verfügung stellen. Die echte Vasallenabhängigkeit der sozialrevolutionär-menschevistischen Mehrheit von der kadetischen Minderheit war an und für sich schlecht verhüllte Verspottung der Idee der ´Demokratie´.

Doch damit nicht genug. In allen den Gebieten des Landes, wo das Regime der ´Demokratie´ zu lange anhielt, endete es unausbleiblich mit dem offenen Staatsstreich der Gegenrevolution. So war es in der Ukraine, wo die demokratische Rada, die die Sovjetmacht dem deutschen Imperialismus ausgeliefert hatte, selbst von dem Monar-

---

84 Gallifet, Gaston Alexandre, Marquis de (1830 bis 1909), französischer General, im Deutsch-Französischen Krieg Kommandeur eines Kavallerieregiments, in Sedan gefangengenommen, kehrte aus der Gefangenschaft zurück, um am Kampf gegen die Kommune teilzunehmen, befehligte eine Kavalleriebrigade der Versailler; Gallifet tat sich bei der Niedermetzelung gefangener Kommunarden besonders hervor.

chisten Skorporadski gestürzt wurde. So war es im Kubangebiet, wo sich die demokratische Rada unter dem Stiefel Denikins erwies. So war es, - und das ist das wichtigste Experiment unserer ´Demokratie´ in Sibirien, wo die Konstituierende Versammlung, mit der formalen Herrschaft der Sozialrevolutionäre und Menscheviki bei der Abwesenheit der Bolscheviki, mit der faktischen Leitung der Kadeten zur Diktatur des Zarenadmirals Koltschak führte. So war es endlich in unserem Norden, wo sich die Konstituantler in der Person der Regierung des Sozialrevolutionärs Tschaikovski in eine nachlässige Dekoration für die Herrschaft der russischen und englischen gegenrevolutionären Generäle verwandelt hatten. So war es oder ist es in allen kleinen Randstaaten: in Finnland, in Estland, in Lettland, in Litauen, in Polen, in Georgien, in Armenien, wo sich unter der formalen Fahne der Demokratie die Befestigung der Herrschaft der Grundbesitzer, der Kapitalisten und des ausländischen Militarismus vollzieht.

Die Pariser Arbeiter von 1871 – Die Petersburger Arbeiter von 1917

Eine der gröbsten und unmotiviertesten und politisch schädlichsten Gegenüberstellungen, die Kautsky zwischen der Kommune und Sovjetrußland macht, betrifft den Charakter des Pariser Arbeiters von 1871 und des russischen Proletariers von 1917 - 1919. Ersteren schildert Kautsky als revolutionären Enthusiasten, der zu hoher Selbstaufopferung fähig ist, letzteren als Egoisten, Feigling, elementaren Anarchisten.

Der Pariser Arbeiter hat eine zu bestimmte Vergangenheit, um der revolutionären Empfehlung oder des Schutzes vor dem Lobe des jetzigen Kautsky zu bedürfen. Trotzdem hat der Petersburger Proletarier keinen Grund und kann er keinen Grund haben, einem Vergleich mit seinem heldenhaften älteren Bruder auszuweichen. Der ununterbrochene dreijährige Kampf der Petersburger Arbeiter - erst um die Eroberung der Macht, darauf um ihre Erhaltung und Befestigung -, unter nie dagewesenen, durch Hunger, Kälte und ewige Gefahren verursachten Qualen, bildet eine ausschließliche Chronik des kollektiven Heldenmuts und der Selbstaufopferung. Kautsky, wie wir dies in einem anderen Zusammenhang erklären, nimmt zum Vergleich mit der Blüte der Kommunarden die dunkelsten Elemente des russischen Proletariats. Er unterscheidet sich auch in dieser Beziehung nicht von den bürgerlichen Sykophanten/Denunzianten, denen die toten Kommunarden ungleich anziehender als die lebenden scheinen.

114

Das Petersburger Proletariat hat die Macht viereinhalb Jahrzehnte später als die Pariser Proletarier in Besitz genommen. Diese Frist hat uns ungeheure Vorzüge in die Hand gegeben. Der kleinbürgerliche Handwerkercharakter des alten, zum Teil auch des neuen Paris ist Petersburg, dem Mittelpunkt der konzentriertesten Industrie der Welt, vollständig fremd. Der letzte Umstand hat uns die Aufgaben der Agitation und Organisation wie die Errichtung des Sovjetsystems außerordentlich erleichtert.

Unser Proletariat verfügt auch nicht in entferntem Maß über die reichen revolutionären Traditionen des französischen Proletariats. Dafür aber war zu Beginn der gegenwärtigen Revolution im Gedächtnis der älteren Generation unserer Arbeiter der große Versuch von 1905, sein Mißerfolg, und die von ihm ererbte Pflicht der Rache noch frisch.

Die russischen Arbeiter konnten nicht wie die französischen auf eine lange Jahre während Schule der Demokratie und des Parlamentarismus zurückblicken, die zu einer gewissen Epoche ein wichtiger Faktor der politischen Kultur des Proletariats war. Anderers aber hatten sich unter der russischen Arbeiterklasse noch nicht die Bitterkeit der Enttäuschung und das Gift des Skeptizismus gelegt, die bis zu einem gewissen, hoffentlich nicht mehr fernen Augenblick den revolutionären Willen des französischen Proletariats lähmen.

Die Pariser Kommune erlitt militärischen Zusammenbruch, ehe die ökonomischen Fragen in ihrer ganzen Größe an sie herantraten. Trotz der vortrefflichen Kampfeseigenschaften der Pariser Arbeiter war das militärische Schicksal der Kommune von vornherein als hoffnungslos vorausbestimmt: Die Unentschlossenheit und der Hang zu Kompromissen unter der Elite erzeugten den Verfall in den Unterschichten.

Der Nationalgarde wurde der Sold für 162 000 Soldaten und 6500 Offiziere ausgezahlt; aber die Zahl derer, die tatsächlich in den Kampf gingen, schwankte, besonders nach dem mißlungenen Ausfall am 3. April, zwischen 20 000 und 30 000.

Diese Angaben kompromittieren die Pariser Arbeiter durchaus nicht und geben nicht das Recht, sie als Feiglinge und Fahnenflüchtige zu betrachten, obgleich natürlich auch an Fahnenflucht kein Mangel herrschte. Eine kampffähige Armee braucht vor allem einen zentralisierten und genauen Verwaltungsapparat. Davon war bei Kommune keine Rede.

Das Militärressort der Kommune glich, nach dem Ausdruck eines Verfassers, einem dunklen Zimmer, in dem alle aufeinanderstießen. Die Kanzlei des Ministeriums war von Offizieren und einfachen Gardisten angefüllt, die Kriegsvorräte und Verpflegung forderten und sich beklagten, daß man sie nicht ablöse. Man schickte sie auf die Kommandantur...

„Einige Bataillone blieben 20 bis 30 Tage in den Laufgräben, während andere beständig in der Reserve gehalten wurden (...) Diese Sorglosigkeit tötete bald jede Disziplin. Die Tapferen wollten bald nur von sich selbst abhängig sein; andere wichen dem Dienst aus. Ebenso handelten auch die Offiziere; die einen verließen ihre Posten, um dem Nachbar, der im Feuer stand, zu Hilfe zu eilen; andere gingen fort in die Stadt (...)" (´Pariser Kommune von 1871´, P. L. Lavrov, 1919, S. 100)

Dieses Regime konnte nicht ungestraft bleiben: die Kommune wurde im Blut erstickt. Diesbezüglich aber hat Kautsky einen unvergleichlichen Trost:

„Das Kriegführen", sagt er und schüttelt den Kopf, „ist eben nicht die starke Seite des Proletariats." (S. 76) Dieser Aphorismus, der eines Pangloß würdig ist, steht vollständig auf der Stufe eines anderen großen Ausspruchs von Kautsky - nämlich, daß die Internationale während des Krieges nicht brauchbar ist, da sie ihrem Wesen nach ein ´Friedensinstrument´ sei.

In diesen beiden Aphorismen zeigt sich eigentlich der jetzige Kautsky voll und ganz, d. h. fast als völlige Null. Die Kriegführung , seht ihr wohl, ist überhaupt nicht die starke Seite des Proletariats desto mehr, da auch die Internationale nicht für die Kriegsepoche geschaffen worden ist. Das Schiff Kautskys ist für Teiche und für ruhige Buchten geschaffen und nicht für das offene Meer und für stürmische Zeiten. Wenn dieses Schiff ein Leck bekommen hat und nun glücklich sinkt, so sind daran der Sturm, die große Masse des Wassers, das Übermaß der Wogen und eine Reihe anderer, nicht vorhergesehener Umstände schuld, für die Kautsky sein prächtiges Instrument nicht vorherbestimmt hat.

Das internationale Proletariat hat die Eroberung der Macht zu seiner Aufgabe gemacht. Unabhängig davon, ob der Bürgerkrieg ´im allgemeinen´ zu den notwendigen Attributen der Revolution ´im allgemeinen´ gehört, bleibt die Tatsache unzweifelhaft bestehen, daß die Vorwärtsbewegung des Proletariats, wenigstens in Rußland, in Deutschland, in den Teilen des früheren Österreich-Ungarns, die Form eines intensiven Bürgerkrieges angenommen hat und dies nicht nur an den inneren, sondern auch an den auswärtigen Fronten. Wenn die Kriegführung nicht die starke Seite des Proletariats ist und wenn die Arbeiterinternationale nur für die Friedensepoche brauchbar ist, dann muß man die Revolution und den Sozialismus zu Grabe tragen, denn die Kriegführung bildet eine ziemlich starke Seite des kapitalistischen Staates, der ohne Krieg die Arbeiter nicht zur Verwaltung zulassen wird. Dann bleibt nur übrig, die sogenannte ´sozialistische´ Demokratie einfach für eine Schmarotzerin der kapitalistischen Gesellschaft und des bürgerlichen Parlamentarismus zu erklären, d. h. offen das zu sanktionieren, was in der Politik die Ebert, Scheidemann und Renaudel tun und wogegen Kautsky immer noch mit Worten zu protestieren scheint.

Die Kriegführung war nicht die starke Seite der Kommune. Eben deshalb wurde die Kommune zertrümmert. Und wie schonungslos zertrümmert!

„Man muß", schrieb seinerzeit der ziemlich gemäßigte Liberale Fiaux, „zu den Proskriptionen von Sulla, Antonius und Oktavius zurückkehren, um derartige Morde in der Geschichte der zivilisierten Nationen zu finden; die Religionskriege unter den letzten Valois, die Bartholomäusnacht, die Epoche der Terrors waren im Vergleich mit ihnen Kinderspiel. In der letzten Woche des Mai wurden in Paris 17 000 Leichen der föderierten Insurgenten aufgefunden (...) Noch am 15. Juni wurde gemordet."

„Das Kriegführen ist eben nicht die starke Seite des Proletariats."

Das ist nicht wahr! Die russischen Arbeiter haben gezeigt, daß sie fähig sind, sich auch des ´Kriegsinstruments´ zu bemächtigen. Wir sehen hier einen gigantischen Schritt vorwärts im Vergleich zur Kommune. Das ist keine Lossagung von der Kommune - denn die Traditionen der Kommune liegen durchaus nicht in ihrer Hilflosigkeit -, das ist die Fortsetzung ihres Werks. Die Kommune war schwach. Um ihr Werk zu Ende zu führen, sind wir stark geworden. Die Kommune wurde geschlagen. Wir versetzen den Henkern der Kommune Schlag auf Schlag. Wir rächen die Kommune, und wir werden unsere Rache zu Ende führen.

Von den 162 000 Nationalgardisten, die Gehalt bezogen, gingen 20 000 bis 30 000 in den Kampf. Diese Ziffern bilden ein interessantes Material für die Schlußfolgerung über die Rolle der formalen Demokratie in der revolutionären Epoche. Das Schicksal der Pariser Kommune wurde nicht bei den Abstimmungen entschieden, sondern den Kämpfen mit den Truppen von Thiers. 162 000 Nationalgardisten bildeten die Hauptmasse der Wähler. Tatsächlich aber, in den Kämpfen, wurde das Schicksal der Kommune von 20 000 bis 30 000 Mann, der aufopferungsfähigsten kämpfenden Minderheit, entschieden. Diese Minderheit stand nicht allein - sie äußerte nur mutiger und selbstaufopfernder den Willen der Mehrheit. Das war aber nur die Minderheit. Die übrigen, die sich in kritischen Augenblicken versteckten, waren der Kommune nicht feindlich gesinnt; im Gegenteil, sie unterstützten dieselbe aktiv und passiv; sie waren weniger klassenbewußt, weniger entschieden. Auf der Arena der politischen Demokratie machte ihre niedrige Erkenntnisfähigkeit es möglich, daß sie von Abenteurern, Betrügern, kleinbürgerlichen Scharlatanen und ehrlichen Dummköpfen, die sich selbst betrogen, getäuscht wurden. Im Augenblick des offenen Klassenkampfes folgten sie mehr oder weniger der selbstaufopfernden Minderheit. Dies fand auch in der Organisation der Nationalgarde seinen Ausdruck. Hätte die Existenz der Kommune länger gedauert, so hätte sich diese Wechselbeziehung zwischen der Vorhut und der Masse des Proletariats mehr und mehr befestigt. Die Organisation, die sich im Prozeß des offenen Kampfes als Organisation der werktätigen Massen gebildet hatte, wäre zur Organisation ihrer Diktatur, zum der Deputierten des bewaffneten Proletariats geworden.

Resolution der Kommunarden

Text: Bertolt Brecht, 1934

In Erwägung unserer Schwäche machtet
ihr Gesetze, die uns knechten soll'n
die Gesetze seien künftig nicht beachtet
in Erwägung, dass wir nicht mehr Knecht sein woll'n.

Refrain:　　　　In Erwägung, dass ihr uns dann eben
　　　　　　　mit Gewehren und Kanonen droht,
　　　　　　　haben wir beschlossen,
　　　　　　　nunmehr schlechtes Leben
　　　　　　　mehr zu fürchten als den Tod.

In Erwägung, dass wir hungrig bleiben
wenn wir dulden, dass ihr uns bestehlt
wollen wir mal feststell'n, dass nur Fensterscheiben
uns vom Brote trennen, das uns fehlt.

Refrain ...

In Erwägung, dass da Häuser stehen
während ihr uns ohne Bleibe lasst
haben wir beschlossen, jetzt dort einzuziehen
weil es uns in uns'ren Löchern nicht mehr passt

Refrain ...

In Erwägung, es gibt zu viel Kohlen
während es uns ohne Kohlen friert
haben wir beschlossen, sie uns jetzt zu holen
in Erwägung, dass es uns dann warm sein wird.

Refrain ...

In Erwägung, es will euch nicht glücken
uns zu schaffen einen guten Lohn

übernehmen wir jetzt selber die Fabriken
in Erwägung, ohne euch reicht's für uns schon.

Refrain ...

In Erwägung, dass wir der Regierung
was sie immer auch verspricht, nicht trau'n,
haben wir beschlossen, unter eig'ner Führung
uns ein gutes Leben aufzubau'n.

In Erwägung, ihr hört auf Kanonen
and're Sprachen könnt ihr nicht versteh'n
müssen wir dann eben, ja das wird sich lohnen
die Kanonen auf euch dreh'n.

Chronologie der Ereignisse

1852

2. Dezember: Louis Napoleon (Neffe von Napoleon Bonaparte) ruft sich zum französischen Kaiser, Napoleon III., aus

1864

28. September: Gründung der Ersten Internationale (IAA – Internationale Arbeiterassoziation) durch Karl Marx in London

1865

Bildung der französischen Sektion der IAA

1870

19. Juli: Beginn des deutsch-französischen Kriegs
2. September: Französische Niederlage in der Schlacht um Sedan, Napoleon III. gerät in deutsche Kriegsgefangenschaft
4. September: Ausrufung der Republik
19. September: Die deutschen Truppen schließen den Belagerungsring um Paris
31. Oktober: Proletarische Einheiten der Pariser Nationalgarde verlangen die Wahl eines Stadtparlaments. Der Aufstand wird schnell niedergeschlagen.

1871

18. Januar: Im Spiegelsaal von Versailles wird das Deutsche Reich ausgerufen. König Wilhelm I. von Preußen wird deutscher Kaiser.
19. Januar: Angriff der Pariser Nationalgarde auf die deutschen Linien. Der Angriff wird von den deutschen abgeschlagen, die Nationalgarde erleidet große Verluste.
28. Januar: Waffenstillstand zwischen dem Deutschen Reich und Frankreich.
Februar: Wahl zur Nationalversammlung, konservative Mehrheit.
17. Februar: Adolphe Thiers wird zum „Chef der Exekutive", also Ministerpräsident, gewählt.
Ende Februar: Auf Beschluss der Nationalversammlung dürfen deutsche Truppen in Paris ihre Siegesparade abhalten.
18. März: Thiers greift Paris an, um der im Besitz der Nationalgarde

befindlichen Kanonen habhaft zu werden und strategisch wichtige Plätze zu besetzen. Der Angriff scheitert am Widerstand der Pariser ArbeiterInnen und der Nationalgarde von Paris.

19. März: Das Zentralkomitee der Nationalgarde ruft Wahlen zur Kommune für den 26.3. aus.

20. März: Erstes soziales Dekret der Kommune (Stundung der Mietschulden)

21. bis 26. März: Weitere Aufstände in Lyon, Toulouse, Narbonne etc. Die Aufstände werden überall schnell niedergeschlagen

26. März: Wahlen zum Pariser Stadtparlament

2. April: Thiers überfällt Pariser Vorort

3./4. April: Schlecht vorbereiteter militärischer Ausfall der KommunardInnen gegen Versailles wird unter hohen Verlusten der KommunardInnen abgewehrt. Dekret über die Trennung von Staat und Kirche.

16. April: Arbeitergenossenschaften übernehmen von Kapitalisten verlassene Betriebe.

25. April: Zweites Wohnungsdekret der Kommune (Verteilung von verlassenen bürgerlichen Wohnungen an Obdachlose)

27. April: Die Nachtarbeit der Bäcker wird per Dekret abgeschafft.

9.Mai: Dekret über die Festlegung der Brotpreise.

10. Mai: Delesluze wird Oberbefehlshaber über die Pariser Nationalgarde.

12. Mai: Festlegung von Mindestlöhnen durch den Kommunerat.

21. bis 28.Mai: Versailler Truppen dringen in Paris ein. Überall Straßenkämpfe. Das Vorrücken der Versailler wird durch ein Massaker an den KommunardInnen begleitet.

1873

Mac-Mahon, während des Sturms auf Paris im Mai 1871 Oberkommandierender der französischen Armee, veranlasst letzte Verfolgungswelle gegen KommunardInnen.

1880

Amnestie für alle an der Pariser Kommune Beteiligten.

Dekrete der Pariser Kommune – eine Auswahl

Erstes Sozialdekret (19. März)

„In Erwägung, dass der Belagerungszustand das industrielle und kommerzielle Leben der Nation ins Stocken gebracht und die Hilfsmittel des Handwerkers, des Kaufmannes und des Arbeiters völlig erschöpft hat, während das hinreichend mächtige Kapital nur eine vorübergehende Einbuße an Zinsen erleidet;

in Erwägung, dass das Volk von Paris für die Verteidigung des Vaterlandes weder mit seinem Blute noch mit seiner Entsagung gegeizt hat und es nur gerecht ist, wenn die, welchen ihre Vermögenslage es ihnen gestattet hat, sich im Grunde dem schmerzlichen Druck des Hungers und des Bombardements zu entziehen, entsprechend ihrem Vermögen mit einer Steuer belastet werden, verordnet das Zentralkomitee:

Artikel 1 – In zweiundzwanzig Arrondissements gelangt die Summe von einer Million zur Verteilung, das Resultat der Sparsamkeit, die wir durch unsere Verwaltung und durch die Streichung sämtlicher Gehälter der früheren Regierungen erzielt haben. Diese Summe ist zur Unterstützung notleidender Familien bestimmt und wird durch die neuen Munizipalbehörden gerecht verteilt werden.

Artikel 2 – Sämtliche bis einschließlich April fälligen Mieten, die die Summe von 250 Francs nicht übersteigen, sind den im Rückstand befindlichen Mietern zu erlassen.
Die in der gleichen Frist fälligen Mieten von 250 Francs bis 800 Francs werden um zwei Drittel herabgesetzt.
Die Mieten zwischen 800 und 1500 Francs werden um ein Drittel herabgesetzt.
Eine Ausnahme von dieser letzten Entlastung bilden die Wohnräume jener Bürger, die keinen Beruf haben.
Um die Interessen der Eigentümer zu schützen, wird eine Untersuchungskommission die Entschädigungen festsetzen, die ihnen auf Grund ihrer finanziellen Lage zugebilligt werden können.

Artikel 3 – Verfallene Handelswechsel und fällige Hypothekenzinsen bis einschließlich 1. April werden erst zum 1. Oktober eintreibbar, und es dürfen nur für sechs Monate Zinsen gefordert werden, denn so lange hat die Belagerung gedauert.

Artikel 4 – Alle verpfändeten Gegenstände, welcher Art sie auch seien, deren Wert fünfzehn Francs nicht übersteigt, werden ihren Besitzern unentgeltlich zurückgegeben.
Die erforderlichen Summen, um die Leihhäuser für die Durchführung des Artikels 4 zu entschädigen, werden durch eine proportionale Steuer aufgebracht, die sämtliche während der Belagerung geflüchteten Personen zu entrichten haben."

Dekret über die Zulassung von Ausländern zu öffentlichen Ämtern, wie Abgeordneter im Kommunerat beziehungsweise eines der Komitees der Kommune (April):

„In Erwägung, daß die Fahne der Kommune die Fahne der Weltrepublik ist,

in Erwägung, daß jede Stadt das Recht hat, den Ausländern, die ihr dienen, den Bürgertitel zu verleihen,

in Erwägung, daß der Titel Mitglied der Kommune, da er ein noch größerer Vertrauensbeweis als der Bürgertitel, diesen folglich in sich schließt,

ist die Kommission der Ansicht, daß die Ausländer zugelassen werden können […]."

Erlass über die Versorgung von Witwen und Waisen von Nationalgardisten (2. April):

„Die Kommune von Paris beschließt die Adoptierung der Familien aller Bürger, die bei der Abwehr des verbrecherischen Angriffs der gegen Paris und die Revolution verschworenen Royalisten gefallen sind oder fallen werden..."

Dekret über Beamtengehälter (2. April):

„ In Erwägung, dass es in einer wirklich demokratischen Republik weder Sinekuren noch übertriebene Gehälter geben darf, ordnet die Pariser Kommune an:

Erster und einziger Artikel: Das Höchstgehalt der Angestellten in den verschiedenen Kommunalverwaltungen wird auf 6000 Francs jährlich festgesetzt."

Dekret zur Übernahme geschlossener Fabriken (16. April)

„In Erwägung, dass zahlreiche Fabriken von ihren Leitern verlassen wurden, welche ohne Rücksicht auf die Interessen der Arbeiter flüchteten und sich ihrer Bürgerpflicht entzogen – in Erwägung, dass infolge dieser feigen Flucht zahlreiche für das kommunale Leben wichtige Arbeiten unterbrochen sind und die Existenz der Arbeiter auf dem Spiele steht, ordnet die Kommune von Paris an:

Die Syndikatskammern der Arbeiter werden zusammengerufen, um einen Untersuchungsausschuss einzusetzen, der die Aufgabe hat:

1. eine Statistik der verlassenen Fabriken aufzustellen sowie eine genaue Beschreibung des Zustandes, in dem sie sich befinden, und der vorhandenen Arbeitsinstrumente;

2. einen Bericht vorzulegen, der die praktischen Bedingungen für die sofortige Inbetriebnahme dieser Fabriken darlegt, und zwar nicht mehr durch die Deserteure, die sie verlassen haben, sondern durch die kooperative Assoziation der Arbeiter, die in ihnen beschäftigt waren;

3. einen Plan für die Bildung dieser kooperativen Arbeitsgesellschaften auszuarbeiten;

4. ein Schiedsgericht einzusetzen, das bei der Rückkehr der Unternehmer die Bedingungen für die endgültige Abtretung der Fabriken an die Arbeitergesellschaften und die von den Gesellschaften an die Unternehmer zu zahlende Entschädigung bestimmen soll.

Dieser Untersuchungsausschuss hat seinen Bericht an die Kommission für Arbeit und Handel zu richten und diese ist verpflichtet, der Kommune binnen kürzester Frist einen Entwurf zu einem Dekret zu unterbreiten, das sowohl den Interessen der Kommune wie denen der Arbeiter gerecht wird."

Dekret zur Abschaffung der Nachtarbeit für Bäcker (25. März, endgültig 20. April):

„In Erwägung der berechtigten Forderungen der gesamten Bäckergesellenkorporation ordnet die Exekutivkommission an:

Artikel 1 – Die Nachtarbeit wird abgeschafft.

Artikel 2 – Die von der früheren kaiserlichen Polizei eingerichteten Stellenvermittlungen werden abgeschafft. Sie werden durch ein Register in den einzelnen Mairien ersetzt, in das sich die Bäckergesellen eintragen können. Das Handelsministerium richtet ein zentrales Register ein."

spätere Präzisierung:

„In Durchführung des Dekretes bezüglich der Nachtarbeit in den Bäckereien und nachdem sie die Bäcker, Meister und Arbeiter befragt hat, beschließt die Exekutivkommission:

Artikel 1 – Ab Mittwoch, dem 3. Mai, ist die Nachtarbeit in den Bäckereien untersagt.

Artikel 2 – Die Arbeit darf nicht vor fünf Uhr beginnen.

Artikel 3 – Der Delegierte für das Ordnungswesen ist mit der Durchführung dieses Beschlusses beauftragt."

und am nächsten Tag verabschiedete Ergänzung:

„Auf Vorschlag der Kommission für Arbeit, Industrie und Handel und im Hinblick auf das Dekret der Exekutivkommission vom 20. April, das die Nachtarbeit bei den Bäckern untersagt, beschließt die Kommune von Paris:

Artikel 1 – Jeder Verstoß gegen diese Anordnung führt zur Beschlagnahme der nachts hergestellten Brote, die den Munizipalbehörden zugunsten der Armen zur Verfügung gestellt werden.

Artikel 2 – Dieser Beschluss ist in jedem Bäckerladen an sichtbarer Stelle auszuhängen.

Artikel 3 – Die Munizipalbehörden sind mit der Durchführung dieses Beschlusses beauftragt."

Dekret zur Beschlagnahme von Wohnungen (25. April):

„In Erwägung, dass es ihre Pflicht ist, den Opfern des zweiten

Bombardements von Paris Unterkunft zu verschaffen und in Erwägung, dass das schnell geschehen muss, ordnet die Kommune von Paris an:

Artikel 1 – Alle leer stehenden Wohnungen werden beschlagnahmt.

Artikel 2 – Die Unterkünfte werden den Bewohnern der bombardierten Viertel nach Maßgabe ihres Bedarfs zur Verfügung gestellt.

Artikel 3 – Der Besitznahme hat ein Ortsbefund voranzugehen, von dem eine Abschrift den Vertretern des flüchtigen Besitzers zu übergeben ist.
Ebenso werden alle Möbelstücke, die Gegenstände enthalten, versiegelt.

Artikel 4 – Die Munizipalbehörden sind mit der unverzüglichen Durchführung des Dekrets beauftragt. Sie haben darüber hinaus nach Maßgabe des Möglichen den Bürgern, die es beantragen, den Umzug zu erleichtern.

Dekret über die Abschaffung aller am Arbeitsplatz verhängten Geldstrafen und Lohnabzüge (27. April):

„In Erwägung, dass gewisse Verwaltungen systematisch Geldstrafen oder Abzüge von den Löhnen und Gehältern eingeführt haben, dass diese Geldstrafen oft unter den nichtigsten Vorwänden verhängt werden und für den Angestellten oder Arbeiter einen wirklichen Schaden bedeuten;
dass diese willkürliche und drückende Eigenmächtigkeit keinerlei rechtliche Grundlage besitzt;
dass die Geldstrafen in Wirklichkeit einen verschleierten Lohnabbau darstellen und den Interessen derjenigen nützen, die sie verhängen, und dass keine ordentliche Justiz diese in ihrem Wesen wie in ihrer Form gleichermaßen unmoralische Art der Bestrafung kennt, verordnet die Exekutivkommission auf Vorschlag der Kommission für Arbeit, Industrie und Handel:

Artikel 1 – Keine private oder öffentliche Verwaltung darf den Angestellten und Arbeitern Geldstrafen oder Abzüge diktieren; die im Voraus festgesetzten Löhne müssen restlos ausgezahlt werden.

Artikel 2 – Jeder Verstoß gegen diese Anordnung wird gerichtlich verfolgt.

Artikel 3 – Alle seit dem 18. März unter dem Vorwand der Bestrafung diktierten Geldbußen und Abzüge sind binnen vierzehn Tagen nach Veröffentlichung dieses Dekrets den Berechtigten zurückzuerstatten."

Leihhausdekret (7. Mai):

„Die Kommune ordnet an:

Artikel 1 – Jeder vor dem 25. April 1871 ausgestellte Pfandschein, der sich auf die Verpfändung von Kleidungsstücken, Möbeln, Wäsche, Büchern, Bettzeug und Arbeitswerkzeugen bezieht und auf keinen höheren Betrag als auf zwanzig Francs lautet, kann ab 12. Mai dieses Jahres unentgeltlich eingelöst werden.

Artikel 2 – Die oben bezeichneten Gegenstände dürfen nur demjenigen Überbringer ausgehändigt werden, der zugleich den Nachweis seiner Identität und die Bestätigung erbringt, dass er der ursprüngliche Darlehensnehmer ist.

Artikel 3 – Der Delegierte für das Finanzwesen ist beauftragt, sich mit der Verwaltung der Leihhäuser zu verständigen, sowohl was die Regelung der zu gewährenden Entschädigung betrifft als auch wegen der Durchführung dieses Dekretes."

Personen

Arnould, Arthur (1833 bis 1895): Oppositioneller Journalist. Gehörte im Kommunerat der Minderheit um die Abgeordneten der IAA an und bezog mit diesen Stellung gegen die Einrichtung des Wohlfahrtsausschusses. Schrieb für das offizielle Blatt der Pariser Kommune („Journal Officiel"). Nach der Niederschlagung der Kommune gelang ihm die Flucht in die Schweiz, wo er seine Erinnerungen an die Pariser Kommune unter falschem Namen veröffentlichte. Nach der Amnestie 1880 Rückkehr nach Frankreich.

Bebel, August (1840 bis 1913): Gründete zusammen mit Wilhelm Liebknecht die SDAP (Sozialdemokratische Deutsche Arbeiterpartei), die sich 1875 mit den „Allgemeinen Deutschen Arbeiterverein" (ADAV) zur SAP (Sozialistische Arbeiterpartei) vereinigte und sich 1891 in SPD (Sozialdemokratische Partei) umbenannte.

Blanqui, Louis-Auguste (1805 bis 1881): Sozialistischer Theoretiker. Teilnehmer der Julirevolution 1830 und der Revolution von 1848/49. Seine Thesen über den Kampf zur Errichtung einer neuen Gesellschaft glitten teilweise ins Terroristische ab und waren ausgesprochen voluntaristisch, seine Vorstellungen über die Diktatur des Proletariats waren geprägt von der Idee einer Erziehungsdiktatur. Er befand sich diesbezüglich auch im Widerspruch zu den Thesen von Marx und Engels. Während der Pariser Kommune wurde er zum Abgeordneten im Kommunerat gewählt, konnte das Amt jedoch nie ausführen, da er, als Reaktion auf den Aufstand vom 18. März, auf Veranlassung der Regierung Thiers, festgenommen wurde.

Brunel, Paul-Antoine (1830 bis 1904): General der Nationalgarde von Paris, beteiligt am Aufstand vom 31. Oktober 1870. Danach verhaftet, durch die Nationalgarde am 26. Februar befreit. Brunel ergriff am 18. März 1871 entscheidende Maßnahmen, die den Sieg des Aufstandes ermöglichten. Er gehörte zu den Leitern des Ausfalls vom 3./4. April, der zu einer entscheidenden militärischen Niederlage der Pariser Kommune wurde. Bei der Verteidigung der Hauptstadt vom 21. bis 28. Mai spielte Brunel eine herausragende Rolle. Konnte nach der Niederschlagung der Kommune nach

Deutschland fliehen, wo er 1904 verstarb.

Cluseret, Gustave Paul (1823 bis 1900): Zeitweise Oberbefehlshaber der Nationalgarde von Paris, während der Kommune. Militärische Laufbahn. Ab 1862 Teilnahme am US-amerikanischen Bürgerkrieg. Danach Zuwendung zu revolutionären Ideen und Kontaktaufnahme mit Bakunin. Als Nachfolger Lulliers am 4.April durch das Zentralkomitee der Nationalgarde zum Oberbefehlshaber der revolutionären Truppen ernannt, erwies er sich als unfähig diese zu führen. Am 30.April durch das Zentralkomitee verhaftet und angeklagt. Während der Tage des Kampfes um Paris wurde er frei gelassen und floh nach England. In Abwesenheit 1872 wegen Teilnahme an der Pariser Erhebung zum Tode verurteilt. Rückkehr nach der Amnestie 1880. Dann politische Karriere als Abgeordneter in der Deputiertenkammer.

Delescluze, Louis Charles (1809 bis 1871): Revolutionärer Journalist und Jakobiner. Teilnehmer an der Julirevolution 1830. Nach der Revolution von 1848/49 zunächst Flucht nach England. Nach dem Staatsstreich Napoleons III. Rückkehr nach Frankreich und illegale Arbeit. Festnahme, Deportation nach Cayenne. Nach seiner Rückkehr wiederholte Verhaftung und Gefängnisstrafen. Ab 1868 Annäherung an die Ideen der IAA. Vorbereitung und Teilnahme am Aufstand vom 31. Oktober 1870. Danach festgenommen, aber ohne Urteil wieder frei gelassen. Im Februar in die Nationalversammlung von Frankreich gewählt, legte das Mandat aber nach dem Aufstand vom 18. März nieder. Am 26. März in den Kommunerat gewählt, dort gehörte er der jakobinisch-blanquistisch geprägten Mehrheit an. Auf seine Veranlassung wurde der erste Wohlfahrtsausschuss nach wenigen Tagen gestürzt. Im neu gewählten hatte er die Präsidentschaft inne. Seit dem 10. Mai auch Oberbefehlshaber über die Nationalgarde von Paris. Er unternahm große Anstrengungen den Kampfwert der Nationalgarde zu steigern und die Hauptstadt verteidigungsbereit zu machen. Am 25. Mai fiel er im Kampf auf einer der Barrikaden von Paris.

Dombrowski, Jaroslaw (1833 bis 1871): General der Nationalgarde. Offizier der polnischen Armee, 1863 Beteiligung an einem Aufstand gegen den Zaren. Festnahme und Verurteilung zu 15 Jahren Zwangsarbeit. Ein Jahr später gelingt ihm die Flucht nach Paris. Schließt sich der französischen Arbeiterbewegung an. Während der Pariser Kommune Mitglied des Zentralkomitees der Nationalgarde. Die Kommune überträgt ihm die Leitung der Westfront, zeichnet sich durch außergewöhnliche Tapferkeit aus. Fällt am 23. Mai während der Schlacht um Paris im Kampf.

Engels, Friedrich (1820 bis 1895): Philosoph und sozialistischer Revolutionär. Mitstreiter von Karl Marx, Teilnehmer an der Revolution von 1848/49. Ist, insbesondere nach dem Tod von Karl Marx, entscheidender Vordenker der internationalen Arbeiterbewegung. Gründet 1889 die zweite sozialistische Internationale in Paris. Im Jahre 1891 Autor des bekannt gewordenen Vorworts zu Marx` „Bürgerkrieg in Frankreich", welches in Kurzform die marxistische Auffassung vom Staat darlegt.

Franckel, Leo (1844 bis 1896): Ungarischer Sozialist. Mitglied der IAA und des Zentralkomitees der Nationalgarde und des Kommunerats. Auf seine Veranlassung beschließt die Kommune die vollkommene rechtliche Gleichstellung von PariserInnen und in der Hauptstadt lebenden ImmigrantInnen. Flieht nach der Niederwerfung der Kommune nach England. Wird 1871 zum Mitglied des Generalrats der IAA gewählt. Organisiert die Ungarische Sozialistische Partei.

Haffner, Sebastian (1907 bis 1999, eigentlich Raimund Pretzel): Publizist. Emigrierte 1938 aufgrund der national-„sozialistischen" Herrschaft in Deutschland nach England. Kehrte 1954 als Korrespondent des „Observer" zurück. Vertrat in den 50er Jahren antikommunistische Standpunkte, näherte sich in den 60er Jahren der Studierendenbewegung an, entfernte sich jedoch in den siebziger Jahren von diesen inhaltlichen Positionen wieder. Seine politischen Schwankungen spiegeln sich in seinen Arbeiten (er schrieb für „Christ und Welt", „Die Welt", „Stern" und „konkret") und in seinen Veröffentlichungen wider. In Büchern wie „Der Verrat" (über die deutsche Novemberrevolution) näherte er sich sozialistischen Ideen an. Hingegen enthalten Bücher wie „Anmerkungen zu Hitler" oder „Von Bismarck zu Hitler" Rückgriffe auf klar rechtskonservative Positionen.

Kautsky, Karl (1854 bis 1938): Sozialistischer Theoretiker. Zwischen 1883 und 1917 Herausgeber der Zeitung „Neue Zeit". Bis ca. 1909 meist revolutionär-marxistische Positionen vertretend, wich er unter dem Eindruck der Auseinandersetzungen mit dem rechten Flügel der SPD, den Reformisten unter Eduard Bernstein, und der russischen Revolution von 1905/06/07 immer weiter von diesen ab. Harte inhaltliche Auseinandersetzung mit Rosa Luxemburg um die Frage des revolutionären Massenstreiks, den Kautsky, in der von Luxemburg vertretenen Form, als Strategie zurückwies. Seine halbherzige Ablehnung der Zustimmung der SPD zu den Kriegskrediten und der „Burgfriedenspolitik" 1914 führte zum endgültigen Bruch zwischen ihm und der revolutionären Linken um Luxemburg und Liebknecht. In einer Auseinandersetzung mit Lenin und Trotzki um die Bewertung der russischen Oktoberrevolution von 1917 äußerte sich Kautsky auch zu den Erfahrungen der Pariser Kommune. Er stand in seinen drei diesbezüglichen Arbeiten („Die Diktatur des Proletariats", „Terrorismus und Kommunismus" und „Von der Demokratie zur Staatssklaverei") auf einem klar gegen die Bolschewiki gerichteten reformistischen Standpunkt.

Kerenski, Alexander Fjodorowitsch (1881 bis 1970): Russischer Politiker, rechter Sozialrevolutionär, zeitweise Mitglied der Übergangsregierung zwischen Februar- und Oktoberrevolution 1917. Zunächst war er in der Regierung des Fürsten Lwow Justizminister. Er wollte, anders als die russische Bevölkerung, den Krieg weiterführen und agitierte dafür unter den Soldaten. Im Sommer 1917 begann seine auf seine Initiative eine letzte große Offensive der russischen Armee („Kerenski-Offensive"), die jedoch unter riesigen Verlusten scheiterte. Im Jlui 1917, nach dem Rücktritt Lwows, wurde Kerenski auch Ministerpräsident. Er ernannte einen erklärten Revolutionsgegner, General Kornilow, zum Oberbefehlshaber des russischen Heeres und überlegte sogar die damalige Hauptstadt Petrograd an die Deutschen auszuliefern – beides in der Hoffnung so das Fortschreiten der Revolution aufzuhalten. Seine Weigerung den Krieg zu beenden, den Bauern Land zu geben und, entgegen seinen Versprechungen, einen Nationalversammlung in freier Wahl wählen zu lassen, ließen ihn im Ansehen der russischen Bevölkerung schnell sinken, was zur Oktoberrevolution und zu seinem Sturz durch die Bolschewiki führte. Kerenski floh aus Russland in die USA, wo er 1970 verstarb.

Lafargue, Paul (1842 bis 1911): Sozialist. Verheiratet mit Marx` Tochter Laura. War während der Pariser Kommune in Paris. Nach der Niederwerfung der Kommune floh er mit Laura und den drei Kindern nach Spanien und kehrte erst nach der Verkündung der Amnestie zurück. In dieser Zeit starben alle 3 Kinder des Paares. Der 1880 von Lafargue veröffentlichte und von Marx scharf kritisierte Text „Recht auf Faulheit" gilt bis heute als eine der programmatischen Grundlagen des Anarchismus. Im Jahre 1882 gründete er die erste marxistische Arbeiterpartei Frankreichs. Sieben Jahre später eröffnete er den „Internationalen Arbeiterkongress" in Paris, auf dem Engels die zweite sozialistische Internationale ins Leben rief. Nach einem Opernbesuch im Jahre 1911 begingen Laura und Paul Lafargue Selbstmord. Beerdigt wurden beide auf dem Friedhof Pere-Lachaise, wo zahlreiche KommunardInnen beigesetzt wurden. Die Grabrede hielt Lenin.

Lavrov, Piotr Lavrovitch (1823 bis 1900): Russischer Revolutionär, Chronist der Kommune von Paris. Betonte immer wieder die Bedeutung einer revolutionären Organisation, was er als eine der Hauptlehren aus der Pariser Kommune verstand, wo er das Fehlen einer solchen als die zentrale Erklärung für die Niederlage der KommunardInnen empfand. Floh nach der Niederlage der Kommune zeitweise aus Paris, kehrte aber schon 1877 in die französische Hauptstadt zurück.

Lenin, Wladimir Iljitsch (1870 bis 1924): Russischer Marxist. Führendes Mitglied der Bolschewiki und der Oktoberrevolution 1917. Vorsitzender des Rates der Volkskommissare (der revolutionären Regierung) unmittelbar nach der Revolution. Anhänger der Kommune, deren grundlegende Lehren er versuchte in der Oktoberrevolution zu verarbeiten. Gründer der Dritten Internationale (Kommunistische Internationale). Kämpfte gegen Ende seines Lebens gegen die drohende Bürokratisierung der Sowjetunion.

Lissagaray, Prosper (1833 bis 1901): Oppositioneller Journalist. Verstand sich selbst als Jakobiner. Häufige Verhaftungen und Verfolgungen, zuletzt 1870. Nahm an der Pariser Kommune teil und gab eine Zeitung heraus. Beteiligte sich bis zum 28.Mai aktiv an den Barrikadenkämpfen. Floh nach der Zerschlagung der Pariser Revolution nach England, wo ihn Marx aufforderte ein Buch über seine Erlebnisse in der Pariser Kommune zu schreiben. Dem kam Lissagaray nach. Er kehrte 1880 nach Paris zurück, befand sich dort in heftigem Gegensatz zu Lafargue.

Lullier, Charles-Ernest (1838 bis 1891): Zeitweise Oberbefehlshaber der Pariser Nationalgarde. Erwies sich als militärisch vollkommen unfähig. Wurde durch Cluseret ersetzt.

Mac-Mahon, Patrice de (1808 bis 1893): Französischer General und Politiker. Militärische Karriere, Teilnahme an zahlreichen Kolonialkriegen und am Krimkrieg. Im deutsch-französischen Krieg in

Gefangenschaft geraten, wurde er von den Deutschen frei gelassen und zum Oberbefehlshaber der Versailler Armee, die er in der Zeit vom 21. bis zum 28. Mai gegen die Stellungen der KommunardInnen in Paris führte. Für das Massaker nach Ende der Kämpfe ist er führend mit verantwortlich. Ab 1873 war er französischer Staatspräsident und nutzte seine Stellung, um noch im selben Jahr eine weitere Verfolgungswelle gegen KommunardInnen zu initiieren. Erst sein Rücktritt 1879 machte den Weg für eine Amnestie für alle KommunardInnen ab 1880 frei.

Marx, Karl (1818 bis 1883): Sozialistischer Theoretiker und Revolutionär. Linkshegelianer, führender Theoretiker der internationalen Arbeiterbewegung, Gründer der ersten Internationale (IAA – Internationale Arbeiterassoziation) 1864 in London. Verfasste eines der bis heute bedeutendsten Werke zur Pariser Kommune: „Der Bürgerkrieg in Frankreich".

Michel, Louise (1830 bis 1905): Anarchistisch gesinnte Lehrerin. Bereits am 18.März aktiv gegen den Abtransport der Kanonen. Bildete ein Ambulanzkorps und kämpfte während der Straßenkämpfe vom 21. bis zum 28. Mai mit der Waffe in der Hand gegen die Versailler. Sie war eine der bedeutendsten Figuren der Kommune von Paris. Nach der Niederschlagung wurde ihr vom Kriegsgericht eine Minderung ihrer Strafe angeboten, wenn sie sich öffentlich von den Ideen der Kommune distanzieren würde. Das lehnte sie ab und wurde zu Deportation verurteilt. Nach ihrer Rückkehr war sie weiterhin politisch aktiv.

Napoleon III. (1808 bis 1873, eigentlich Charles-Louis-Napoleon Bonaparte): Präsident und Kaiser von Frankreich. Napoleon (Neffe von Napoleon Bonaparte) wurde 1848, in der zweiten Republik zum Präsidenten gewählt. Nach einem Staatsstreich am 2. Dezember 1851 errichtete er eine Diktatur, ein Jahr später erklärte er sich zum Kaiser. Während seiner Herrschaft verschlechterte sich die wirtschaftliche und politische Situation Frankreichs im Vergleich zu den anderen europäischen Großmächten. Napoleon III. führte zahlreiche koloniale Kriege. Die politische und wirtschaftliche Konkurrenz zwischen dem im Entstehen befindlichen Deutschen Reich und Frankreich führten zum deutsch-französischen Krieg, den Frankreich verlor. Napoleon III. wurde von den Deutschen gefangen genommen. Am 4. September wurde in Frankreich die Republik ausgerufen.

Noske, Gustav (1868 bis 1946): Politiker, SPD-Mitglied. Während der deutschen Revolution 1918/19 wurde Noske, nach dem Ausscheiden der linken „Unabhängigen Sozialdemokraten" Mitglied der von den rechten „Mehrheitssozialdemokraten" kontrollierten, aus der Revolution hervorgegangenen Regierung („Rat der Volksbeauftragten"). Er war dort für Polizei- und Militärfragen zuständig. Seine Arbeit übernahm er mit dem Ausspruch: „Einer muss ja der Bluthund sein." Er schlug sowohl den Berliner Januar-Aufstand 1919, als auch den Aufstand im Ruhrgebiet 1920, der sich gegen den konterrevolutionären „Kapp-Putsch richtete blutig nieder. Dabei stützte sich Noske nicht zuletzt auf rechtsradikale „Freikorps", die während der Berliner Januar-Kämpfe auch Rosa Luxemburg und Karl Liebknecht ermordeten. Nach der Niederschlagung des Kapp-Putsches schied Noske mehr und mehr aus der aktiven Politik aus.

Pyat, Felix (1810 bis 1889): Französischer, sozialistischer Journalist. Teilnehmer der Revolution von 1848/49. Pyat beteiligte sich am Aufstand vom 31. Oktober 1870 und wurde nach dessen Niederschlagung festgenommen, wurde aber bald wieder entlassen. In der Pariser Kommune war er Mitglied des Kommunerats.

Pottier, Eugene (1816 bis 1887): Französischer Dichter und Sozialist. Pottier schrieb nach der Niederschlagung der Kommune unter dem Eindruck der Geschehnisse die „Internationale". Er war nach dem 18. März erklärter Gegner eines Angriffs auf Versailles und wurde in den Nachwahlen zum Kommunerat (nach dem Ausscheiden der bürgerlichen Mitglieder) in das Pariser Stadtparlament gewählt.

Proudhon, Pierre-Joseph (1809 bis 1865): Französischer Ökonom, Theoretiker des Anarchismus. Teilnehmer an der Revolution 1848/49 und Abgeordneter der französischen Nationalversammlung. Er lehnte jede Form der staatlichen Gewalt ab und erkannte in vollkommener Freiheit die Voraussetzung für den Sozialismus. Er prägte den Satz: „Eigentum ist Diebstahl." Im Jahre 1849 versuchte Proudhon durch die Gründung einer Volksbank und die Vergabe kostenloser Kredite seine wirtschaftlichen Vorstellungen in die Tat umzusetzen. Aufgrund einer Verhaftung konnte er diesen Versuch nicht lange weiter verfolgen. Nach dem Staatsstreich Napoleons III. versuchte er gar diesen zur Unterstützung seiner Pläne zu veranlassen. Er hoffte darauf, dass Napoleon III., ohne es zu wollen, eine revolutionäre gesellschaftliche Umgestaltung vornehmen werde. Marx schätzte Proudhon lange Zeit als revolutionären Theoretiker. Gerade über die Frage der Anwendung von Gewalt – Proudhon lehnte jede Form von Gewalt ab – führten Marx und Proudhon einen harten Disput. Mit Proudhons „Philosophie des Elends" und der Antwort von Marx „Das Elend der Philosophie" vollzog sich der endgültige Bruch zwischen beiden.

Rossel, Louis Nathaniel (1844 bis 1871): Französischer Offizier. Chef des Generalstabes der Nationalgarde, zeitweise deren Oberkommandierender. Aufgrund seiner geringen militärischen Fähigkeiten wurde er durch Delescluze ersetzt. Wegen seiner Teilnahme am Pariser Aufstand wurde er noch 1871 hingerichtet.

Thiers, Adolphe (1797 bis 1877): Französischer Politiker. Anhänger national-liberaler Ideen, Teilnehmer an der Julirevolution 1830 und für die Machtübernahme des Bürgerkönigs Louis Philippe. Nach der Revolution 1848/49 wechselte er ins konservative Lager. Napoleon III. hielt er für einen zu schwachen Kaiser, aufgrund seiner oppositionellen Haltung zu ihm musste er Frankreich verlassen. Er war erklärter Gegner des deutsch-französischen Kriegs und wurde nach dem Sturz Napoleons III. im Februar 1871 zum Chef der Exekutive (also Ministerpräsident) gewählt. Er ließ die Pariser Kommune blutig niederschlagen. Von 1871 bis 1873 war er Staatspräsident der dritten Republik.

Trotzki, Leo (1879 bis 1940): Russischer Marxist und Revolutionär. Neben Lenin die bedeutendste Persönlichkeit der Oktoberrevolution und innerhalb der Führung der Bolschewiki. Volkskommissar des Äußeren, später Kriegskommissar. Baute die Rote Armee auf und rettete die Sowjetrepublik vor der Zerschlagung durch konterrevolutionäre Truppen. Wendete sich seit Anfang der 20er Jahre gegen die, im Zuge der Bürokratisierung der UdSSR, einsetzende Entrechtung des Proletariats und der armen Bauernschaft. Wurde durch Stalin aus allen Ämtern entfernt und nach Verbannung und Ausweisung schließlich in Mexiko durch einen Agenten Stalins ermordet.

Varlin, Louis-Eugene (1839 bis 1871): Französischer Sozialist. Mitglied der IAA, Linksproudhonist, der den Ideen von Marx und Engels nahestand. Eignete sich seine gesamte Bildung autodidaktisch an. Wurde 1868 und 1869 in Prozessen gegen die Internationale angeklagt. Trat frühzeitig für eine Beteiligung der IAA am Zentralkomitee der Nationalgarde ein. Ließ am 18.März das Stadthaus besetzen und war Mitglied des Kommunerats und der Finanzkommission. Wurde am 28. Mai, nach Ende der Kämpfe nach einer Denunziation von Regierungstruppen schwer misshandelt und erschossen.

Villain, Jean (1928 bis 2006, eigentlich Marcel Brùno Brun): Journalist und Schriftsteller. In der Schweiz geboren, Mitglied der stalinistischen Partei der Arbeit der Schweiz, lebte Villain einige Jahre in einem israelischen Kibbuz und siedelte 1961 in die DDR über. Dort hielt er Lesungen an der Ost-Berliner Humboldt-Universität. Obwohl zeitweise sogar mit Berufsverbot belegt, arbeitete er dennoch als inoffizieller Mitarbeiter für das Ministerium für Staatssicherheit (stalinistischer DDR-Geheimdienst).

Vinoy, Joseph (1803 bis 1880): Französischer General. Teilnehmer am Feldzug gegen Algerien, Beförderung zum Offizier, und am Krimkrieg, Beförderung zum Divisionsgeneral; sowie am Sardinischen Krieg. Bereits 1865 pensioniert, wurde Vinoy während des deutsch-französischen Kriegs reaktiviert. Nach französischen Niederlage bei Sedan führte Vinoy mit dem XIII.Korps den einzigen noch kampffähigen Großverband des französischen Heeres. Während der deutschen Belagerung von Paris deckten seine Verbände den Südteil des von preußischen Truppen gezogenen Kessels. Vinoy führte in dieser Zeit geheime Kapitulationsverhandlungen mit den Deutschen. Im März 1871 plante er gemeinsam mit Thiers den Handstreich gegen Paris, um die Kanonen und Mitrailleusen der Nationalgarde zu stehlen. In den Straßenkämpfen im Mai 1871 eroberten seine Truppen den Louvre und die Tuilerien. Drei Jahre, 1877, vor seinem Tod wurde Vinoy zum Senator gewählt.

Glossar

Arrondissement: Stadtteil von Paris

Ausfall: *Hier:* Militärisches Unternehmen von einem festen Operationspunkt aus, gegen eine gegnerische Stellung.

Blanquisten: Anhänger einer auf Auguste Blanqui zurückgehenden sozialistischen Revolutionstheorie, die sehr stark vom Voluntarismus geprägt war und davon ausging, dass ein kleiner, verschworener Zirkel die Revolution auch ohne Massenbasis vollbringen könne. Marx und Engels grenzten sich stets vom Blanquismus, der schnell zu einer Negativbezeichnung avancierte, ab.

Bourgeoisie: Kommt aus dem Französischen und bedeutet Bürgertum. Der Begriff bezeichnet in der marxistischen Theorie eine soziale Klasse, die innerhalb der kapitalistischen Gesellschaft die Macht hat, da den Angehörigen dieser Klasse die Produktionsmittel (Maschinen, Fabriken usw.) gehören. Da der Bourgeoise die Produktionsmittel gehört besitzt sie auch den Großteil des Reichtums einer Gesellschaft, was dazu führt, dass diese Klasse zwar sehr viel, die Arbeiterklasse aber sehr wenig besitzt, weshalb beide Klassen sich in einem ständigem Gegensatz befinden. Daraus entstehen immer wieder Kämpfe und sogar Aufstände der ArbeiterInnen, in denen die Bourgeoisie ihren Reichtum verteidigt. Dabei hilft ihr auch der Staat mit Polizei und Militär.

Chassepot-Gewehr: Nach der Schlacht bei Königgrätz im deutsch-deutschen Krieg 1866, erkannte Napoleon III., dass die Preußen gegen Österreich-Ungarn vorrangig aufgrund ihrer überlegenen Zündnadel-Gewehre („Dreyse-System") den Sieg davon getragen hatten, deren Schussfolge höher war, als die der österreichisch-ungarischen Gewehre (Vorderlader). Daraufhin suchte Napoleon III. nach einer vergleichbaren Waffe, die noch 1866 Antoine Chassepot als Entwurf vorlegte. Bis 1868 war die gesamte französische Armee mit diesem Gewehr ausgerüstet. Es kann als dem Dreyse-Gewehr überlegen angesehen werden, war aber störanfälliger als dieses.

Föderierte: Selbst gewählte Bezeichnung der KommunardInnen, die damit deutlich machen wollten, dass sie für einen freiwilligen Zusammenschluss (Föderation) freier Kommunen kämpften.

IAA-Internationale Arbeiterassoziation: Name der ersten Internationale, die Karl Marx 1864 in London gegründet hatte. In ihr schlossen sich verschiedene nationale Arbeiterorganisationen zusammen, wobei nicht entscheidend war, ob diese Organisation eine Partei oder eine Gewerkschaft war. Die IAA sollte die internationale Aktion der ArbeiterInnen koordinieren. Sie zerfiel nach der Niederlage der Pariser Kommune durch den Streit zwischen Bakunisten und Marxisten und wurde 1876 aufgelöst. Ihre Nachfolgeorganisation war die von Engels 1889 ins Leben gerufene zweite Sozialistische Internationale.

Insurgenten: Bewaffnete Aufständische.

Jakobiner: Ursprünglich Zusammenschluss von Revolutionären während der Französischen Revolution 1789-1794, die sich im ehemaligen Dominikanerkloster Saint-Jaques trafen und daher bald nach diesem benannt wurden. An der Frage um die Rechte des Königs bzw. die Frage seiner Absetzung spalteten sich die Jakobiner in die radikal-demokratischen Cordeliers und die die gemäßigten Feuillants. Die Jakobiner in der französischen Nationalversammlung gliederten sich ebenfalls in „Gemäßigte" (teilweise bei den Girondisten zu finden) und die radikalen „Montagnards" (Bergpartei). In den Jahren 1791 und 1792 wurden die gemäßigten Kräfte aus den Jakobinern ausgeschlossen oder trennten sich selbst von ihnen. Die so radikalisierten Jakobiner traten für die Schaffung einer Republik und somit die Abschaffung der Monarchie, direkte Demokratie und die Garantie sozialer Rechte (Arbeit und Bildung) für die armen Massen ein. Darin wurden sie von den „Sansculotten" (arme KleinbürgerInnen und ArbeiterInnen) unterstützt. Als die Jakobiner 1793/94 die Mehrheit im Nationalkonvent besaßen schufen sie eine entsprechende Verfassung, die aber aufgrund der Bedrohung der Revolution durch äußere und innere Feinde nie in Kraft trat. Nach dem Sturz ihrer Herrschaft wurden die Jakobiner verfolgt, der Klub aufgelöst, dennoch fühlten sich bis in die zweite Hälfte des 19.Jahrhunderts zahlreiche Revolutionäre gerade in Frankreich jakobinischen Ideen verpflichtet.

Kommunalrat: Siehe Munizipalrat.

Kommunerat: Siehe Munizipalrat.

Korona: Schwach leuchtende Atmosphäre der Sonne.

Krautjunker: Junker ist eine Bezeichnung für Großgrundbesitzer. Krautjunker ist ein, auch von Karl Marx, häufig benutztes Schimpfwort für Junker.

Mitrailleuse: Artilleriewaffe. Ähnelt äußerlich einer Kanone, verschießt jedoch 25 Stahlstifte. Gilt bis heute als Vorläufer des modernen Maschinengewehrs.

Mont Valérien: Eine der zahlreichen Festungen um Paris herum. Sie spielten für die KommunardInnen beim Schutz der Hauptstadt eine bedeutende Rolle. Sie waren allerdings auch für die Versailler während des Vorrückens auf Paris von Wichtigkeit, weshalb viele der Forts hart umkämpft waren. Das Fort Mont Valérien war von den Versaillern am 18.03. verlassen, aber von den KommunardInnen nicht besetzt worden. Während des Angriffs der Föderierten auf Versailles konnten die zurückgekehrten Regierungstruppen die strategisch günstige Stellung des Forts ausnutzen, um die KommunardInnen unter verheerendes Artilleriefeuer zu nehmen.

Munizipalrat: Kommunerat, Kommunalrat, Munizipalrat, Munizipalvertretung und Stadtparlament bezeichnen in diesem Text dieselbe Einrichtung; den von den BürgerInnen von Paris nach dem Aufstand vom 18.03. gewählten Stadtrat.

Munizipalvertretung: Siehe Munizipalrat.

Peloton: *Eigentlich:* Kleine militärische Einheiten (kleiner als Kompanie). *Hier:* Erschießungskommandos, diese wurden im 19.Jahrhundert im Militär oftmals als Hinrichtungs-Pelotons, beziehungsweise einfach Pelotons bezeichnet.

Proudhonisten/Proudhonianer: Revolutionäre, die sich an den Ideen Pierre Joseph Proudhons orientieren. Sie sehen im Staat das Hauptinstrument der Unterdrückung der Arbeiterklasse und treten für dessen sofortige Abschaffung nach dem Sieg der Revolution ein. Daher können sie zumindest teilweise als VorläuferInnen der modernen AnarchistInnen angesehen werden.

Sinekuren: Sind Ämter, deren Inhabern zwar Einkünfte beziehen, aber keinerlei Dienstpflichten haben.

Stalinismus: Auf Josef Wissarionowitsch Stalin zurückgehende Gesellschaftsformation und theoretische Strömung, die sich formal auf den Marxismus bezieht. Sie ist gekennzeichnet durch ein Höchstmaß an Bürokratisierung und damit Entdemokratisierung der Räteherrschaft in der frühen UdSSR. In den stalinistischen Staaten des Ostblocks herrschten kleine Cliquen, die sich bereicherten und ihre Herrschaft durch harte Repressalien oder gar Terror insbesondere gegen die marxistische Opposition absicherten. Dies konnten diese Cliquen nur durch eine klare Abkehr vom marxistischen Staatsverständnis, welches durch die Erfahrungen der Kommune geprägt war und die jederzeitige Wähl- und Abwählbarkeit, die Rechenschaftspflicht und den Arbeiterlohn für Abgeordnete zu grundlegenden Anforderungen an den Arbeiterstaat gemacht haben.

Thermidor: (Hitzemonat) Während der Französischen Revolution versuchte man statt der an der Bibel orientierten Sieben-Tage-Woche die Zehn-Tage-Woche und statt der uns bekannten Monate neue, an wissenschaftlich begründbaren Naturereignissen, orientierte Monate einzuführen. Einer der Monate hieß Thermidor. Am neunten Tag dieses Monats, im Jahre 1794 (29.Juli 1794), wurde die Jakobiner-Regierung gestürzt und in Folge dieses Ereignisses der Jakobinerklub geschlossen. Seither wird die Konterrevolution oft als Thermidor bezeichnet. (So nannte Trotzki die stalinistische Konterrevolution in der UdSSR häufig „Sowjetthermidor".)

Versailler: Bezeichnung der KommunardInnen für die Konterrevolutionäre. Sie entsprang der Tatsache, dass sich die konterrevolutionäre Regierung um Ministerpräsident Thiers in Versailles aufhielt und dort Truppen für ihren Krieg gegen die Pariser Kommune zusammenzog.

Wohlfahrtsausschuss: Während der Jahre 1793/94 hatten die radikal eingestellten Jakobiner im aus der französischen Revolution hervorgegangenen Nationalkonvent die Mehrheit inne. Der Konvent arbeitete, indem er zahlreiche Ausschüsse, unter anderem den für öffentliche Wohlfahrt, wählte. Da in ihm die bedeutendsten Jakobiner versammelt waren (u.a.: Robespierre und Saint-Just) entwickelte er sich schnell zum wichtigsten Ausschuss und wurde quasi eine „Ersatz-Revolutionsregierung". Der Kommunerat wählte am 1. und am 9. Mai 1871 ebenfalls einen Wohlfahrtsausschuss. Da sich die Jakobiner bei der Durchsetzung ihres an den Interessen der armen Massen orientierten Programms auch des Mittels des Terrors bedienten, und der Begriff „Wohlfahrtsausschuss" somit bei vielen Franzosen (und gerade bei Parisern) Ablehnung hervorrief, kritisierte die um die Abgeordneten der IAA versammelte Minderheit der Kommuneratsmitglieder diesen Schritt.

Kommentiertes Literaturverzeichnis

Bakunin, Michail: „Die Commune von Paris und der Staatsbegriff", in: Schneider, Dieter Marc [Hrsg.]: „Pariser Kommune 1871. Band I: Texte von Bakunin, Kropotkin und Lavrov", Reinbek bei Hamburg: Rowohlt Taschenbuch Verlag GmbH, 1971.
Bakunin legt darin die anarchistische Auffassung vom Staat dar und grenzt sich dabei von marxistischen Ideen ab. Politische Legitimationsschrift, die die Kommune von Paris zum Anlass nimmt, aber nur wenig über die Ereignisse in Paris erzählt.

Brüchert, Erhard [S.477-497]: „1871: Der Aufstand der Pariser Kommune. Der Bürgerkrieg des besiegten Frankreich", in: „Damals. Das Geschichtsmagazin", 18.Jg., Heft 6/1986.
Anlässlich des 115.Jahrestages der Pariser Kommune veröffentlichter Artikel. Aus bürgerlicher Sicht geschrieben, dennoch darum bemüht, wenig subjektiv zu sein.

Engels, Friedrich: „Einleitung zu der Bürgerkrieg in Frankreich", geschrieben 1891, Berlin: Dietz Verlag Berlin, 1980.
Vorwort zu Marx` „der Bürgerkrieg in Frankreich" aus dem Jahr 189, das vor allem die aus der Kommune von Paris gezogenen marxistischen Lehren über den Staat darstellt.

Haffner, Sebastian: „Die Pariser Kommune", in: Verlag 1900 Berlin [Hrsg.]: „Zwecklegenden. Die SPD und das Scheitern der Arbeiterbewegung", Berlin: Verlag 1900 Berlin, 1996.
Ergreifend geschriebene Schilderung der Ereignisse. Eine der besseren Arbeiten Haffners, allerdings sind seine politischen Schlussfolgerungen und Positionen vielfach eher schwach.

Jokostra, Peter: „Als die Tuilerien brannten. Der Aufstand der Pariser Kommune 1871", Düsseldorf, Wien: Econ Verlag, 1970.
Durchaus interessante Arbeit, die immer wieder, ungerechtfertigte und häufig an Antikommunismus grenzende, Kritik an Karl Marx und seinem Verhältnis zur Pariser Kommune vorbringt. Allerdings detailreich und gut lesbar abgefasst.

Kautsky, Karl: Terrorismus und Kommunismus. Ein Beitrag zur Naturgeschichte der Revolution", Berlin: Dietz Verlag Berlin GmbH i.G, 1990.

Bei seinem Versuch die Oktoberrevolution als unmarxistisch und blanquistisch darzustellen, geht Kautsky in Kapitel 3 auf die Geschichte der ersten Kommune von Paris (1793/94) und in Kapitel 6 auf die zweite Kommune von Paris (1871) ein. Er geht auf die politischen Vorstellungen und die Arbeit der Blanquisten, Proudhonisten, Jakobiner und der IAA ein. Interessant, allerdings werden Kautskys politische Schlüsse und seine gesamte Argumentation von der Absicht geleitet die Politik der Bolschewiki zu widerlegen.

Koechlin, Heinrich: Die Pariser Commune im Bewusstsein ihrer Anhänger", Basel: Don Quichotte Verlag, 1950.

Wenig lesenswerte Arbeit, die den Aufstand der Pariser ArbeiterInnen und die Entstehung des Zentralkomitees der Nationalgarde als Ergebnis des französischen Nationalismus darzustellen sucht.

Kuczynski, Jürgen: „Die Geschichte der Lage der Arbeiter unter dem Kapitalismus. Band 33: Darstellung der Lage der Arbeiter in Frankreich seit 1848", Berlin: Akademie Verlag, 1961.

Nüchterne Analyse der ökonomischen Entwicklung Frankreichs und deren Auswirkungen auf die soziale Situation der ArbeiterInnen in Frankreich.

Ders.: „Die Geschichte der Lage der Arbeiter in Frankreich von 1789 bis in die Gegenwart. Zweiter Teil. Seit 1830", Berlin: Tribüne. Verlag und Druckerei des FDGB, 1955.

Ähnlich wie oben beschrieben, nur etwas detailreicher.

Lavrov, Piotr Lavrovitch: „Die Pariser Kommune vom 18.März 1871", Berlin: Verlag Klaus Wagenbach, 1971.

Absolute Empfehlung! Wahrscheinlich die beste über die Pariser Kommune veröffentlichte Arbeit. Die Bolschewiki werden sich später zu Recht häufig auf Lavrovs Darstellung der Kommune beziehen. Relativ knappe und doch erschöpfende Darlegung der Leistungen und Fehler der Kommune, auch wenn er ab und an die Kritik an der Politik der IAA zu stark betont.

Lenin, Wladimir Iljitsch: „Staat und Revolution. Die Lehre des Marxismus vom Staat und die Aufgaben des Proletari-

ats in der Revolution", Berlin: Dietz Verlag Berlin, 1984.
Unverzichtbares Handbuch über die marxistische Staatstheorie. Thematisiert demzufolge auch Lenins Lehren aus der Pariser Kommune.

Lissagaray, Prosper: „Geschichte der Commune von 1871", Frankfurt/Main: Suhrkamp Verlag, 1971.
Von einem Teilnehmer der Pariser Kommune verfasst. Gilt als umfangreichste Chronik der Pariser Kommune, teilweise jedoch etwas zu detailreich. Absolut lesenswert.

Maretzki, Hans: „Die Kommunarden von Paris. Gewehre in Arbeiterhand", Berlin: Deutscher Militärverlag, 1961.
Vom späteren Botschafter der DDR in Nordkorea verfasste Schrift, die sich – wie der Name schon verrät – vor allem mit militärischen Fragen befasst.

Marx, Karl: Der Bürgerkrieg in Frankreich"; in [Institut für Marxismus-Leninismus beim ZK der SED]: „Karl Marx, Friedrich Engels. Ausgewählte Werke in sechs Bänden. Band IV", Berlin: Dietz Verlag Berlin, 1982, S. 5-107.
Für das Verständnis der Pariser Kommune bis heute unverzichtbar. Meistverbreitetes Buch von Karl Marx. Steht engagiert an der Seite der KommunardInnen und analysiert dennoch klar und schlüssig.

Ders.: „Manifest der Kommunistischen Partei", Berlin: Verlag Neuer Weg GmbH.
Lange vor der Pariser Kommune geschrieben, legt es die grundlegenden Ideen des wissenschaftlichen Sozialismus dar.

Ders.: „Tagebuch der Pariser Kommune", Berlin: Dietz Verlag Berlin, 1971.
Enthält Briefe von und an Marx und Engels, in denen unter anderem durch Augenzeugen die Politik der Pariser Kommune diskutiert wird. Zudem sind verschiedene Beschlüsse des Generalrats der IAA dokumentiert. Für jeden von Interesse, der sich mit der Diskussion um die Ereignisse in Paris innerhalb der internationalen Arbeiterbewegung befassen will.

Maschkin, Michail: „Die Pariser Kommune 1871", Berlin: Dietz Verlag, 1982.
Geschichte der Pariser Kommune Tag für Tag aufbereitet.

Meergans, Marlis; Noll, Eberhard: „Die Pariser Kommune. Die 72 Tage der Pariser Kommune", keine Angabe des Erscheinungsjahres, keine Angabe des Verlages, keine Angabe des Ortes.
Gute, kurze Abhandlung über die Pariser Kommune. Als Einstieg auf jeden Fall geeignet. U.a. vom Internetmagazin „Glasnost" veröffentlicht.

Meschkat, Klaus: „Die Pariser Kommune von 1871"; Köln: Infodruck, 1971.
Beleuchtet die Geschichtsschreibung über die Pariser Kommune vornehmlich in der UdSSR. Geht dabei von der politisch völlig falschen Vorstellung aus die Sowjetunion sei ein sozialistisches Land (was sie nur dem Namen nach war) und stellt daher die dort vorherrschende Art der Geschichtsschreibung als sozialistisch dar. Vertane Zeit!

Michel, Louise: „Memoiren", Verlag Frauenpolitik, 1977.
Anschaulich geschriebene Lebenserinnerungen der Revolutionärin Louise Michel.

Müller, Harald: „Es begann auf dem Montmartre", Berlin: Der Kinderbuch Verlag Berlin, 1982.
Leicht verständlich geschrieben, reich bebildert, für Kinder allerdings – obwohl als Kinderbuch geschrieben - gänzlich ungeeignet.

Museum für Deutsche Geschichte [Hrsg.]: „100 Jahre Pariser Kommune. Anschauungsmaterial"; Berlin: Dietz Verlag Berlin, 1971.
Sammlung von Bildern, Schautafeln, Zitaten und Karten. Interessant, obwohl das nahtlose Einpassen der Pariser Kommune in die Legitimierung der DDR sehr peinlich wirkt.

Schmidt, Günther: „Die Pariser Kommune 1871 und ihre Vorgeschichte", Berlin: Volk und Wissen Verlag VEB, 1951.
Eigentlich als Arbeitsheft für die Abiturstufe in den Schulen der DDR geschrieben. Zu großen Teilen im stalinistischen Duktus der frühen DDR-Geschichtsschreibung abgefasst. Allerdings versehen mit zahlreichen Dokumenten und zudem übersichtlich gegliedert.

Swoboda, Helmut [Hrsg.]: „Die Pariser Kommune 1871",

München: Deutscher Taschenbuch Verlag GmbH & Co. KG, 1971.
Gut editierter Quellenband mit Auszügen aus Arbeiten von Augenzeugen. Swoboda lässt vor allem Befürworter, aber auch Gegner der Kommune zu Wort kommen

Trotzki, Leo: „Terrorismus und Kommunismus. Anti-Kautsky", Berlin: Dietz-Verlag Berlin GmbH i.G., 1990.
Teil einer inhaltlichen Auseinandersetzung zwischen einerseits Lenin und Trotzki und andererseits Kautsky um die Bewertung der Oktoberrevolution. Trotzki behandelt in Kapitel V die Pariser Kommune, da Kautsky deren Politik der Politik der Bolschewiki gegenüberstellt. Trotzki liefert zahlreiche Bezüge auf Lavrov. Kritisiert die Pariser Kommune aus der Sicht eines Anhängers derselben und befasst sich vor allem mit der Frage des Verhältnisses von Demokratie und Revolution. Für alle, die ein Vergleich zwischen der Kommune von 1871 und Sowjetrussland interessiert, unverzichtbar.

Villain, Jean: „Die großen 72 Tage. Ein Report über die Pariser Kommunarden", Berlin: Verlag Volk und Wissen, 1971.
Trotz Villains stalinistischer Einstellung empfehlenswertes Buch, das nicht nur sehr ausführlich ist, sondern auch umfangreiche Dokumente zitiert.